不死之身的特攻兵

鴻上尚史——著
葉廷昭——譯

當犧牲成為義務，
一個二戰日本特攻隊員抗命生還的真實紀錄

*關於第二章的內容，是依據高木俊朗所著《陸軍特別攻擊隊》上、下冊（文藝春秋出版）進行撰寫，資料引用有事先經過著作權繼承人的同意。

前言

我看到某本書的一小段記述，才知道有人九次參與自殺特攻，九次都成功生還。那個人正是陸軍第一批特攻隊的飛行員。

海軍的第一批特攻隊名為「神風特別攻擊隊」，由隊員駕駛零式艦上戰鬥機，載著兩百五十公斤的炸彈和敵人同歸於盡。而陸軍的第一批特攻隊則名為「萬朵隊[1]」，隊員駕駛著九九式雙發[2]輕轟炸機，承載八百公斤的炸彈與敵俱亡。

想不到竟然有人出擊九次，卻屢次違抗上級要他同歸於盡的命令，每一次投完炸彈都活著回來。這位奇人名叫佐佐木友次，當年他只是個二十一歲的年輕人。

他究竟是怎麼辦到的？當他活著歸建的時候，上級和其他同僚的反應又是什麼？

我真的好想知道，不過那已經是很遙遠的過去了，因此我一度放棄去了解那段塵封已久的歷史。值得慶幸的是佐佐木先生當時還沒有去世，高齡九十二歲的他入住札幌的醫院，意

1 譯注：根據漫畫版的描述，這個名字是富永恭次司令取的，萬朵意為「開滿櫻花的枝頭」，取這個名字的用意是要他們這些飛行員像花朵一樣美麗地消散。

2 譯注：代表有兩架發動機的意思。

識和記憶都還十分清楚。我去探望了他五次，同時請教許多往事。

後來，我寫了一本小說《飛向藍天》（講談社出版），於二〇一七年八月出版。那是一本融合事實和杜撰內容的作品，描述一位被欺負的中學二年級少年去拜會某個退役特攻隊員的故事。我認為與其描寫單一的特攻隊員，不如用這種寫法引起更多人的興趣，將他們的經歷傳遞給形形色色的社會大眾。

然而，我還是很想寫一部關於佐佐木先生的書，告訴大家這個男人九次出擊、九次險死生還的故事。那些沒用在小說上的採訪內容，以及我個人對特攻的想法，我也想一併寫下來。更重要的是，藉由小說和紀實這兩種不同形式的作品，可以讓大眾廣泛了解佐佐木先生這位退役特攻隊員的事蹟。

我希望有更多日本人知道，曾經有個叫佐佐木友次的男人，九次參與自殺特攻任務，九次都活著回來。

佐佐木友次先生的存在，不該被埋沒在歷史之中。我希望能讓更多日本人知道，他所對抗的一切、經歷的痛苦以及抉擇取捨，以及他究竟是如何倖存下來，又對自己的生還有什麼想法。

我撰寫本書的用意，唯此一念而已。

目次 CONTENTS

目次 CONTENTS

第一章

沒死成的特攻隊員

倖存的特攻隊員

這一切，得從我讀了某本書談起。

那是講談社於二〇〇九年發行的書籍，名為《特攻隊振武寮　倖存士兵的地獄》。書中提到的「佐佐木友次」，是我永遠忘不了的名字。

首先，本書的內容極具衝擊性。在太平洋戰爭爆發的過程中，福岡縣福岡市有一個專門收容倖存特攻隊員的宿舍，名為「振武寮」。寮中發生的各種事件，是書中探討的主要議題之一。作者為大貫健一郎先生和渡邊考先生，其中大貫健一郎先生是前陸軍少尉，同時也是一位特攻隊員；渡邊考先生則是NHK的節目總監，曾參考大貫先生的經歷製作電視節目。大貫先生是音樂家大貫妙子的父親，我以前在電視媒體上與她合作過幾次，因此對大貫先生的經歷也特別感同身受。

該書的前半段詳細描述了大貫先生當上特攻隊員的經過，還有他被選中時的心情。連同他出擊當時的感受，以及特攻失敗迫降後的心境都有記載；NHK節目總監渡邊考先生則是負責說明時代背景和特攻的全貌，算是替大貫先生的個人體驗進行詳實的補充。

大貫先生從鹿兒島縣的知覽機場駕駛特攻用的飛機前往沖繩海域時，被好整以暇的美軍格拉曼戰機攔截，僥倖迫降到德之島。之後他前往喜界島，好不容易才拖著一條命回到福岡。大貫先生和其他的特攻隊員原本以為軍部會馬上指派新的特攻飛機，命令他們再次前往沖繩出戰。不料，所有人被集中到福岡市內第六航空軍司令部的中庭。等待他們前來的倉澤清忠少佐[3]，劈頭就破口大罵：

「為什麼你們活著回來了？一群貪生怕死的人渣。」

「你們就這麼怕死嗎？不管你們有什麼理由，顯然你們沒有與敵俱亡的決心。你們對得起死去的弟兄嗎？」

從喜界島活著回來的二十八名特攻隊員，在烈日當空的中庭被訓斥了將近半個小時。

隔天，大貫先生等人被軟禁在一棟宿舍，全新的看板上用黑色的油漆寫著「振武寮」三個大字。該棟建築本來是私立福岡女子學校的宿舍，四周搭起了鐵絲網，入口還有持槍的衛兵看守。隊員不得與外界接觸，包括外出、寫信、打電話都一概禁止。此外，他們也不被允許與之前先進來的隊員交談。換言之，「振武寮」專門用來軟禁沒死成的特攻隊員，以免他們的存在被外界知曉。

3　譯注：日本在二戰結束前採用的軍階，相當於少校。

名為振武寮的地獄

「特攻沒死成」有各式各樣的原因。大部份的情況是由於引擎或機體故障，抑或是遇上惡劣天候、僥倖躲過美軍戰鬥機的攻擊或機身中彈後迫降；要不然就是始終沒能發現敵方船艦，因而無法回到出擊基地。當然，也有人不想白白送死或是出於恐懼，故意引發事故迫降，大貫先生就看過一個這樣的案例。除了上述情況外，「振武寮」還收容兩種特攻隊員，一種是雖然前往了特攻基地卻因飛機故障而沒機會出擊的人，另一種則是在福岡等待替代機體的時候變得自暴自棄，而被倉澤少佐送來懲戒。

包含大貫先生在內，從喜界島回來的二十八名特攻隊員每天都要忍受上級痛批他們是「膽小鬼」或「人渣」。此外還要罰寫《軍人敕諭》[4]，以及「自己為什麼會活著回來」的反省文，甚至會被命令罰抄《般若心經》。大貫先生曾向上級申訴，失事迫降是不可抗力的因素，根本沒有什麼好反省的；與其做這些沒意義的事情，還不如趕快給他新的特攻飛機出擊，結果卻換來一頓竹刀痛毆。

陸軍的正規紀錄中並沒有振武寮的存在。若不是親身經歷過的人站出來發聲，這個「事實」將被永遠埋葬在歷史的黑暗中。

大貫先生猜想，或許雙親已經收到他戰死的訊息，所以他才被送到振武寮軟禁吧。特攻隊員活著回來的消息若是被其他士兵知道，會影響到作戰的士氣，這才是他們必須被隔離的最大理由。更何況既然已經宣告戰死，就更不能讓他們在眾目睽睽下現身。

之後，大貫先生接獲命令離開振武寮，只是這一次他不再是為了「沖繩作戰」，而是作為「本土決戰[5]」的特攻隊員。這麼做的理由並不清楚，也許上級認為他每天在振武寮的「教育」下終於成為一位充滿特攻精神的軍人，又或者純粹是本土決戰在即，已經顧不得掩人耳目了。

在離開振武寮的時候，倉澤少佐告誡列隊的弟兄，有關他們出擊後生還以及被軟禁在振武寮的事情一概不得提起，否則會影響到整個特攻隊的士氣。

4 譯注：明治天皇於明治十五年（一八八二）向軍隊頒布的訓誡，要求軍隊誓死效忠天皇，奉行忠節、禮儀、武勇、信義、樸實等軍人應有的美德。

5 編注：本土決戰是太平洋戰爭時日軍所想定的戰略之一，意味著動員全國在日本本土決一死戰。後來由於日本在一九四五年八月投降，該計畫並未實行。

第一批特攻隊

有興趣的讀者，請務必翻閱《特攻隊振武寮　倖存士兵的地獄》這本書，NHK節目總監的渡邊先生在書中講解了特攻隊的起源。新聞報導的海軍第一批特攻隊，是以「神風特別攻擊隊」之名聞名世界的「敷島隊」，於一九四四年（昭和十九年）十月二十五日出擊。至於陸軍的第一批特攻隊「萬朵隊」則比海軍晚兩個多禮拜出擊，時間是十一月十二日。

無論海軍還是陸軍，第一批特攻隊挑選的都是特別優秀的飛行員，理由是司令部要求「特攻」作戰無論如何都必須成功，而且還要打下輝煌的戰果才行。然而愈是優秀且對駕駛技術有堅持的飛行員，對特攻戰術的憤怒和不平也就更加強烈。

後來，媒體報導了執行特攻任務的佐佐友次伍長[6]成功擊沈一艘「戰艦」的消息。就連天皇也接獲這份輝煌的戰報，佐佐木伍長因此被奉為軍神。然而，佐佐木伍長並沒有死；他採用的並非自殺式攻擊，而是嘗試俯衝轟炸後迫降生還。司令部多次命令生還的佐佐木伍長再次出擊，參謀也要求他務必同歸於盡，但佐佐木伍長持續抗命，以轟炸的方式攻擊敵人。

作者渡邊先生在書中深入講解了特攻隊的起源，當中關於佐佐木伍長的描述，僅以下面這段文章總結：

「佐佐木伍長八次出擊，每一次都活著回來，彷彿在嘲笑那些逼他去死的人一樣。」

這段話令我大受衝擊，想不到日本還有這樣的人。陸軍第一批特攻隊裡，竟然有人出擊八次不死，始終堅持用轟炸的方式代替自殺攻擊。儘管在我心中「振武寮」帶來的衝擊不小，卻遠遠不及佐佐木友次的存在感（順帶一提，該部作品記載佐佐木先生的出擊次數是八次，維基百科則記載九次以上，詳情容後表述。）

佐佐木先生到底是怎麼辦到的？身處在那樣的時代，他的想法是什麼？周圍的軍人又是如何看待他的？

這些疑問持續在我心中發酵膨脹。

啟程

我是在二〇〇九年讀到那本書的，也就是書籍出版的當年。從那時以來，我就一直忘不了

6 譯注：相當於班長。

「佐佐木友次」這個名字。每年春季即將結束的時候，都有電視台的製作人和總監問我，有沒有什麼題材適合做成終戰紀念特別節目？他們會這麼問也許純粹是出於媒體人的習性，總之就是會對任何人都拋出同樣的問題，想尋找一些靈感，而我每次都提起佐佐木友次先生。

大家一聽到他的故事，第一個反應都是覺得很有趣，卻沒有人真的想拿來製作節目，可能是佐佐木先生給人的印象與社會大眾熟知的特攻隊員落差太大吧。一般人以為特攻隊員都是臉上掛著安穩的微笑，慷慨就義為國捐軀，如果隨便打破這個形象難保不會引發問題。又或者是他們覺得沒壯烈犧牲的特攻隊員不具話題性，做不出有趣的節目呢？理由我也不大清楚，總而言之並沒有人採取具體的行動。

我每年都提起佐佐木友次這個名字，一晃眼六年就過去了。我內心感到焦急，卻也沒有任何進展。

二〇一五年的春天，我向上松道夫先生提起了佐佐木友次的故事，他是BS朝日電視台「熱中世代」的節目製作人。由於我自己本身也是該節目的主持人，因此與上松先生關係甚好。上松先生聽完故事後，眼睛為之一亮。他表示佐佐木先生的經歷很有趣，決定調查一下這個人的事蹟，表情似乎有在認真考慮。他的反應與其他媒體人相去不遠，因此起初我也沒抱太大期待。到了五月，我前往位於六本木的朝日電視台錄影，上松先生已經先在那裡等我了。他激動地告訴我，他詳細調查過佐佐木友次的生平，接著一臉嚴肅地凝視著我說：

「鴻上先生。」

聽得出來，他的聲音頗為興奮。

「佐佐木先生還活著喔。」

我忍不住在電視台的大廳大聲叫好。

這便是我展開尋找佐佐木先生之旅的瞬間。

對於自己竟然完全沒想過佐佐木先生可能還活著這件事，令我感到十分羞恥。也許我早在一開始就放棄一探究竟，畢竟戰爭已經是很遙遠的過去了；或者應該說，我潛意識裡只把這件事情當成歷史的一部份，以至於我絲毫沒想到佐佐木先生依然在世的可能性，就這樣蹉跎了六年的光陰，讓我無法原諒自己的膚淺和怠惰。

上松先生首先拜讀了我也曾經讀過的《陸軍特別攻擊隊》（高木俊朗著，文藝春秋出版）這本書。稍後也會提到，這本書對佐佐木友次先生的記載是最為詳盡的，書中還介紹了佐佐木先生出生的故鄉。

採訪

一九二三年（大正十二年）六月二十七日，佐佐木友次誕生在北海道的當別村，也就是現在的當別町。

上松先生於五月向當別町的公家機關請教各項資訊，得知佐佐木先生還活著的消息。六月，上松先生搭機前往當別町，採訪佐佐木先生的左鄰右舍，確認佐佐木先生住進了札幌的醫院。七月，上松先生完成節目製作所需的採訪工作，也拜會了岩本隊長的家人——他是陸軍第一批特攻隊「萬朵隊」的隊長。隨後，上松先生前往佐佐木先生入住的醫院，希望能見上一面。起初，佐佐木先生不願再提起特攻隊的往事，直到上松先生轉述岩本隊長的兒子捎來的慰問後，佐佐木先生才改變了態度。故人之子的慰問打開了佐佐木先生的心房，他開始緩緩道出過往。由於上松先生讓攝影師先在醫院外待命，所以趕緊直接叫助手御手洗志帆小姐啟動家用的小型攝影機。當時佐佐木先生已經失去大半視力，牙齒也掉了不少，說起話來有些不清楚。好在他的意識很清醒，能夠明確回答採訪的問題。

後來上松先生利用這次採訪的資料，為朝日電視台的終戰七十年特別節目「現在必須傳達的事實～七十年後的證詞～」製作了一段半小時的單元，題為「生還的軍神」，於二〇一五年八月十四日播出。我對上松先生的行動力和效率感到佩服不已，真不愧是經歷過戰後時代的資深媒體人啊。

會見佐佐木先生

我也很想立刻拜見佐佐木先生，無奈八月下旬還有新的舞台公演，完全抽不出時間。在心急意切地完成東京公演後，我等不及九月十八日的香川公演結束，便立刻從高松機場搭機前往札幌。

我興高采烈地趕往醫院，心想終於能見上佐佐木先生一面了，但醫院的病房卻找不到佐佐木先生的名字。護理師為保護病患隱私也沒有多作說明，只是聽她的口吻，佐佐木先生並非康復出院，而是轉到其他醫院治療了。不得已，我只好把期望寄託在當別町的相關人士身上，可惜沒有人知道佐佐木先生轉到哪一家醫院。就在我束手無策的時候，接到了來自上松先生的聯絡。他在網路上搜尋佐佐木先生兒子的姓名，找到了一個極有可能是佐佐木先生兒子的人物（佐佐木先生替兒子取的名字是有典故的，詳情容後表述）。

我決定直接寫信寄到對方工作的地址，大意是說，如果他是佐佐木先生的兒子，請容許我與他父親聊一聊。我對他的父親十分感興趣，也絕對不會給他們添麻煩，請務必告訴我佐佐木先生入住的醫院。過沒多久，那位可能是佐佐木先生兒子的人打了電話來。我有在信上註明我的手機號碼，以便對方聯絡。對方名叫佐佐木博臣，確實是佐佐木友次先生的兒子。好在博臣先生也對我有所認識，並表示自己目前住在神奈川縣，改天他會到札幌的醫院探望父親，屆時會再替我問看看父親的意願如何。

前往札幌的醫院

兩個禮拜後，我接到博臣先生的聯絡。他很過意不去地告訴我，父親不想再提起特攻隊的往事了。我呆了半餉，仍堅持表明想見上一面的心願，哪怕不能對談也沒關係。對此博臣先生顯得有些困惑和猶豫，但最後還是告訴我醫院的名稱，並提醒我就算去了可能也見不到人。我表達誠摯的感謝後，隨即調整自己的行程。

二〇一五年十月二十二日，我孤身一人搭機前往札幌。醫院距離札幌車站坐電車大概需要十五分鐘，我走進住院患者專用的大樓玄關，把鞋子放進鞋櫃，並根據醫院內部的導覽圖示往二樓移動。醫院內瀰漫著一股消毒藥水的氣味，到了二樓後還多了些許大小便的味道。眼前是筆直的走廊，左邊不遠處似乎是護理站，沿著走廊右側則排列著一間間的病房。

這裡的病房沒有房門，因此可以看到房間裡有三張病床對著裡面的窗戶，和走廊保持平行，某間病房還傳出了老人家呻吟的聲音。我漫步在走廊下，一邊確認病房入口標示的名牌。每一張病床上躺的都是高齡的老人家。

「請問有什麼事嗎？」

突然有人從後方叫住我，我轉過頭一看，一位女護理師走了過來。

「呃，我想見佐佐木友次先生一面。」

我盡可能地冷靜回答，以免被護理師看出我內心激昂的情緒。

女護理師告訴我，探病的人要先在紀錄本上寫下自己的名字以及與患者的關係。接著她告訴我，佐佐木先生在第三間病房最靠近門口的病床上。

辦完探病手續後，我在走廊下緩緩前進，找到了標有「佐佐木友次」的病房。我往房裡一瞧，發現佐佐木友次先生正在睡覺。他的身材嬌小，與其說是因為上了年紀導致體格縮水，應該是身高本來就只有一百六十公分左右。我終於見到他了，終於見到這個九次參與特攻任務、九次都活著回來的男人。佐佐木先生就在我的眼前，躺在札幌的醫院裡，我總算見到真人了。

我凝視著佐佐木先生好一陣子，心情卻逐漸從感動轉變為不知所措。佐佐木先生正在睡覺，我又不能吵醒他，但我好不容易才來到這裡，這下該怎麼辦才好呢？就在我拿不定主意時，一個聲音從背後傳來。

「佐佐木先生在睡覺嗎？」向我搭話的是剛才的護理師。

我點點頭，護理師便在佐佐木先生的耳邊稍微拉高音量說道：「佐佐木先生，有人來探病囉。」

「是誰？」看起來像在睡覺的佐佐木先生突然出聲問道。我連忙進行自我介紹，順便說明自己是經過博臣先生的同意才來的。

「你大老遠特地跑來啊？」佐佐木先生的聲音聽起來很清晰。

我點頭稱是。佐佐木先生閉著眼睛，對我說辛苦了。

「您的身子怎麼樣了？」

「還硬朗，就是眼睛不管用了。」

我心想，原來他的眼睛真的看不到了。

佐佐木先生的牙齒掉了不少，說起話來有些吃力，但神志感覺還很清醒。

「友次先生，幫您調高床鋪好嗎？」護理師問道，佐佐木先生點了點頭。護理師移動到床尾，轉動病床旁邊的把手。

病床的上半部逐漸抬高，撐起了佐佐木先生的上半身。

「這樣的高度可以嗎？」護理師停止轉動把手，佐佐木先生又點了點頭。

接著，護理師拿了一張圓板凳給我坐。我一坐下來，視線正好對著撐起上半身的佐佐木先生。他閉著眼睛，與我面對面。

「佐佐木先生，我有幾件事想請教您。」

我刻意放慢說話的速度。與此同時，也感受到自己心跳的鼓動愈發激昂。

第二章

戰爭的真相

從《陸軍特別攻擊隊》一書來解讀特攻

在我寫出採訪內容之前，有必要先詳細介紹一下佐佐木友次先生的生平。他為什麼會當飛行員？又為什麼會成為特攻隊員？他是如何出擊九次，每一次都活著回來的？

在此我參考的資料，是第一章提到的《陸軍特別攻擊隊》一書。作者高木俊朗先生（一九〇八年─一九九八）曾以陸軍報導班員[7]的身份，前往太平洋戰爭時的東南亞。後來在大戰結束前夕，轉調鹿兒島縣知覽町（現在的南九州市）的航空基地，負責採訪特攻隊員。

高木先生是位紀實作家，也是劇本家和電影導演。他在一九四九年出版的《英帕爾戰役》一書中描述了英帕爾戰役的慘烈戰況，以及軍部高層愚昧的指揮調度。從此以後，他就把自己親眼所見的戰爭情景，還有其他從軍人員的採訪內容記錄下來，搭配縝密的調查和豐富的資料，描寫出「戰爭的真相」。

《陸軍特別攻擊隊》一書的文庫本共有上中下三卷，我買的是新裝版的單行本，分成上下兩冊。高木先生活用他無與倫比的文采，佐以詳細的考據和大量資料描述陸軍特別攻擊隊的起源，乃至菲律賓戰線的結局，連特攻隊是什麼樣的存在都有詳實的介紹。

高木先生在戰時並不認識佐佐木先生，為了描寫《陸軍特別攻擊隊》中有關佐佐木先生的部份，他在戰後還跑去佐佐木先生的當別町老家，住了大約三個禮拜。相較之下，其他書籍或媒體都沒有提到佐佐木先生本人的經驗；不曉得是沒有採訪或出版計畫，還是佐佐木先生不願接受採訪，我猜也許兩者都有可能吧。

高木先生的遺孀竹中誠子女士是該作品的著作權繼承人。我徵求過竹中女士的同意，以《陸軍特別攻擊隊》的記述內容當成我撰寫小說《飛向藍天》的依據。竹中女士出於好意，還帶我參觀了高木先生的書庫。於是乎，我以《陸軍特別攻擊隊》的內容為基礎，再加上採訪佐佐木先生得到的新資訊和其他資料，來描寫佐佐木友次這個人的生平。這次的作品也是一樣，因此讀過《飛向藍天》這部小說的讀者會發現本書中有不少重複的地方；不過這都是必要的內容，還請各位多多包涵。

很遺憾，《陸軍特別攻擊隊》如今已經絕版[8]。這本書記載了各式各樣的內容，例如陸軍第一批特攻隊的另一個小隊「富嶽隊」的詳情，以及司令官卑劣的行徑等等。一本好書就此絕版，實在可惜。只希望《飛向藍天》和本書能造成一些話題，帶動《陸軍特別攻擊隊》再版，我想這才是對高木伉儷最好的回禮。

7 譯注：接受軍隊要求而隨軍的新聞人員，嚴格來講並非真正的軍人。

8 編注：已於二〇一八年重新再版。

＊＊＊

生平

一九二三年（大正十二年）六月二十七日，佐佐木友次出生於北海道札幌市附近的石狩郡當別村（現在的當別町）。佐佐木一家原本是從福井縣移居北海道的開拓農家，友次先生是家中的六男，曾就讀尋常小學校六年，外加高等小學校兩年[9]，總共八年。包含佐佐木友次在內，兄弟姊妹共計十二人，分別是七男五女。

在佐佐木友次小時候，一家名為「北海時報」的報社每天都有一班往返於札幌與旭川的固定航班，每天都會以佐佐木家附近一座標高一百公尺的伊達山作為飛行路徑的指標。年幼的佐佐木友次每天一大早聽到飛機的聲音，就會跑出家門追逐飛機；他總是對著飛在五百公尺上空的飛機揮手，據說飛行員偶爾也會揮手致意。

佐佐木在就讀小學校以前，就很喜歡飛機了，天天都追著飛機跑。每當他抬頭仰望家鄉的天空，唯一的念頭就是想早點駕駛飛機。儘管到了不再天真無邪追著飛機跑的年紀，他依然會爬上屋頂凝視著天空中的飛機，並下定決心總有一天要乘上飛機翱翔天際。

受完八年的小學教育後，十四歲的佐佐木開始幫家裡務農。十七歲那一年，他通過了「遞信省[10]航空局仙台地區航空機駕駛員養成所（培訓所）」的考試。當時的招募海報上還有浪漫的文宣，寫著「天空才是男人該去的地方！」不僅生活開銷全部由國家支付，每個月還能拿到些許補助，據說比少年飛行兵[11]的考試還要更加困難。

當上飛行員的經歷

這個養成所名義上受遞信省管轄，實際上則是培養陸軍預備役的場所。平時所內人員從事民間的工作，必要時就會投入前線，相當於事先儲備的軍用飛行員。

9　譯注：明治時代到二戰爆發前的初等教育機構，分為尋常小學校和高等小學校兩階段。一九四一年國民學校令頒布後，尋常小學校改為國民學校初等科，高等小學校改為國民學校高等科。

10　譯注：遞信省是明治時代內閣設立以來，負責掌管交通、通信、電力的行政機構。

11　譯注：陸軍招募的飛行員，招募對象為十多歲的少年。

聽到遞信省航空局這個名字，佐佐木以為學生會穿著體面的制服，駕駛一般的民航機，然而軍隊般的嚴格生活很快就打破了他天真的想法。軍隊式的不當管教大行其道，體罰一連持續了好幾天；無論是否有正當理由，上級動不動就要他們全副武裝緊急集合，或是命令他們不停跑步，有時候還會用「精神注入棒[12]」毆打他們的屁股，不然就是叫學員互甩巴掌。對此佐佐木曾經絕食兩天，抗議上級蠻橫的管教方式。他在這裡生活了一年，駕駛飛機的時數大約是五十個小時。

順帶一提，石田真二先生也是佐佐木的同梯。這位石田真二在戰後當上日本航空機師，於一九七〇年遭遇赤軍派[13]策劃的劫機事件。佐佐木曾在新聞上看到石田，驚呼自己以前的同梯竟然碰到如此劫難。

從遞信省航空局仙台地區航空機駕駛員養成所畢業一年後，佐佐木於一九四三年（昭和十八年）被分發到茨城縣的鉾田陸軍飛行學校（後來的鉾田教導飛行師團）。他在學校裡駕駛的是「九九式雙發輕轟炸機」（簡稱九九雙輕），機身長約十三公尺，含機翼寬度約十七．五公尺；四人共乘，有兩個螺旋槳，前方和後方上下各有一挺機關槍。由於裝載炸彈的機腹突出，也被稱為「金魚」或「蝌蚪」，是陸軍用的轟炸機。

佐佐木駕駛九九雙輕，每天都在練習俯衝式轟炸。年方弱冠的佐佐木身材嬌小、面容稚氣未脫，駕駛風格卻大膽又富攻擊性，在鉾田機場也是技術高超的飛行員。本來養成所出身的飛行員都被戲稱為「預備下士官[14]」，意指沒受過軍隊正規訓練的人。不過實際上許多人的駕駛技術比少年飛行兵要好，這都是拜系統性的訓練方法和訓練時間所賜，所以軍中也流傳著這麼一句話：「預備下士官有技術，少年飛行兵有(軍人)精神。」

對佐佐木而言，只要能駕駛飛機就心滿意足了。相較於在養成所每天平均只能駕駛一小時，在鉾田則通常有兩到三小時的駕駛時間。他是打從心底想要永遠駕駛飛機，每日嚴苛的訓練也大幅提升了他的駕駛技術。後來擔任「萬朵隊」隊長的岩本大尉[15]每天看著佐佐木豪邁的駕駛技術，也開始留意到這個人，並對他關愛有加。

12 譯注：一種和球棒差不多粗的體罰道具。
13 譯注：日本共產主義者同盟的其中一支。該事件為日本史上第一次劫機事件，犯人要求流亡至北韓。
14 譯注：日文的下士官相當於中文的士官。
15 譯注：相當於中文的上尉。

岩本益臣隊長

這裡要介紹一下陸軍第一批特攻隊「萬朵隊」的岩本益臣隊長，他對佐佐木造成了很大的影響。岩本益臣隊長是陸軍士官學校出身，當年二十八歲，其駕駛和轟炸技術都十分了得，更是研究「跳彈轟炸」戰術試圖扭轉戰局的先驅。所謂的「跳彈轟炸」就是把炸彈投向海面，以反彈的方式命中敵方船艦，而不是直接投落轟炸。就如同我們朝水面扔石頭，石頭會彈跳好幾段的原理一樣。

一九四三年三月，美軍在新幾內亞戰區的「俾斯麥海海戰」中，利用跳彈轟炸殲滅了日軍運輸船隊的八艘運輸船。比起從上空投落炸彈，在海面上彈跳的轟炸方式更能提高命中率，畢竟從側面瞄準船艦遠比從上方瞄準容易得多。再者，破壞船艦側面和接近水面的部份，也比破壞上方甲板更容易擊沈。這是一種把普通炸彈當成魚雷使用的轟炸方式，日軍第一次遭遇美軍的「跳彈轟炸」時，完全搞不清楚到底發生了什麼事情。

岩本大尉效法美軍的成功經驗，持續進行研究和演習，積極推動「跳彈轟炸」的戰術。順帶一提，海軍也有持續推動相關研究，稱之為「彈跳轟炸」，並打算利用零式戰鬥機搭載兩百五十公斤的炸彈付諸實行。

死亡長槍

一九四四年（昭和十九年）八月二日，岩本大尉完成沖繩的「跳彈轟炸」演習後動身前往立川機場。他被竹下福壽少佐偷偷帶往機庫，在那裡看到了一樣奇怪的東西。

九九雙輕的機體前方，竟然多了三根細長的矛狀物。在包覆著擋風玻璃的圓形機頭上，有三根大約三公尺長的細金屬管向前突出，是岩本大尉從沒看過的。

仔細一瞧，管子前方有類似小型按鈕的起爆器，底部還有粗大的電線穿透擋風玻璃，一直延伸到容納炸彈的地方。岩本大尉驚愕地看著竹下少佐，因為那很顯然是自殺攻擊用的飛機，也就是透過撞擊來按下金屬管前方的起爆器按鈕。

竹下少佐點點頭，沒有多說什麼。在立川機場執勤的竹下少佐也有在研究「跳彈轟炸」，與岩本大尉一同指導沖繩的相關演習。

「炸彈的投落器怎麼了？」岩本大尉壓抑著混亂的思緒，勉強提出了疑問。

「拆掉了，用不到的機器全拆掉了。」結果卻換來苦澀的答案。

換言之，飛行員沒辦法在操縱席上投落炸彈，只能用自殺攻擊的方式引爆。

萬朵隊的飛機機頭上，加裝了三根電導管。（每日新聞社提供）

「是誰下令做出這種東西的？」岩本大尉以憤怒的口吻問道。

「航空本部啊，本部長在七月二十五日裁定的，參謀本部二課（大本營[16]的作戰部）想出來的計畫。」

「那麼，他們是真的打算用於實戰？」

「沒錯，各項準備都在進行了。」竹下少佐一副不屑的語氣。

「做不出好的飛機，只會搞這些旁門左道。」岩本大尉氣得橫眉豎目。

隨著戰況惡化，陸軍和海軍開始有人主張自殺式攻擊。不過，岩本大尉和竹下少佐都堅決反對，理由在於這種攻擊純粹是浪費人命和機體，根本沒有效果可言。

擊沈船艦的困難度

主張自殺攻擊的人表示，技術不成熟的飛行員愈來愈多，就算使用俯衝式轟炸也難以擊沈敵方船艦；但這其實也是岩本大尉等人主張採行「跳彈轟炸」的原因。在沖繩演習的時候，岩本大尉幾乎留下了滿靶的成績，他有信心能活用於實戰。

岩本大尉和竹下少佐，還有鉾田飛行師團研究部的福島尚道大尉，他們主張自殺攻擊無效的理由如下：首先若要擊沈船艦，讓炸彈在船艦內部爆炸遠比在甲板上爆炸更有效果。因此炸彈必須得貫穿甲板，而貫穿的力道取決於炸彈落下的速度和投落角度。落下速度和投下高度幾乎成正比，也就是說在愈高的地方投落炸彈，貫穿力就愈強。不過就算從很陡的角度俯衝而下，飛機的飛行速度還是只有炸彈落下速度的一半。飛機加速時機翼會承受空氣的揚力，使得機身上浮。這是飛機的構造使然，也是飛機能夠飛在天上的原理。

根據海軍的實驗，從三千公尺的高空投落八百公斤的穿甲彈（威力足以貫穿裝甲甲板的類型）是

16 譯注：大本營為戰爭時期直屬天皇的最高統帥機構，參謀本部則是隸屬於大本營之下的作戰指揮機構，分為陸軍以及海軍參謀本部。

貫穿美軍船艦裝甲甲板的基本條件，一般的俯衝轟炸根本沒辦法獲得貫穿裝甲甲板的投落速度。儘管有些人主張飛機比炸彈更大，所以自殺攻擊有效，然而飛機講究輕量化，機身都是使用輕金屬打造的，空母的甲板則是厚重的鋼鐵。鉾田飛行師團研究部的福島大尉和岩本大尉有同樣的看法，他們認為自殺攻擊就像朝水泥牆砸雞蛋一樣，雞蛋碎成一團，水泥牆卻只是稍微弄髒而已。

自殺攻擊無效的理由還不只如此。推崇自殺攻擊的派系認為，用一架飛機換敵人的一艘船艦是扭轉戰局的方法，可是事實已經告訴我們擊沈船艦是一件非常困難的事情。英國的小型舊式空母競技神號（HMS Hermes）被六十多發炸彈轟炸也沒有馬上沈沒；美國正規空母大黃蜂號（USS Hornet）則是中了九發炸彈（其中幾發是貫穿甲板後才爆炸）和三發魚雷才終於傾斜。這些例子一再表明，用飛機擊沈船艦的難度有多高。

另一個自殺攻擊無效的理由出在陸軍身上。足以貫穿甲板的「穿甲彈」只有海軍才有，陸軍的炸彈是殺傷人馬用的，因此設計成只要落到地面就會輕易引爆。就算用這種炸彈轟炸船艦，也只會在甲板上爆炸而已；先別說拿來自殺攻擊，就算用來對船艦進行一般轟炸或跳彈轟炸，也同樣沒什麼效果。

鉾田飛行師團研究部的岩本大尉和福島大尉曾再三要求陸軍航空本部和三航研（第三陸軍航

空技術研究所）製造出有效的炸彈，亦即海軍使用的穿甲彈，然而三航研卻主張用自殺攻擊取代新式炸彈的研發。福島大尉怒不可遏，曾三次對航空本部和三航研提出理論性的反駁報告，說明「自殺攻擊沒意義又無效」。沒想到，每次三航研只要在理論上站不住腳，就要求他們用崇高的精神力量喚起超越科學的奇蹟。堂堂技術研究所竟然用精神論主張自殺攻擊的正當性，讓福島大尉氣得痛罵三航研無恥。自己做不出有效的炸彈，就叫別人去執行自殺攻擊，等於是放棄了技術研究所的職責。

這段期間，岩本大尉努力推廣「跳彈轟炸」教育。八月他才從沖繩回來三天，就協同竹下少佐一起前往臺灣和菲律賓待了一個多月，之後又返回沖繩。岩本大尉一直在各地進行「跳彈轟炸」的說明和訓練；同時，他始終等待著軍方能研發出穿甲彈，以及性能不下美軍的飛機。

一九四四年（昭和十九年）十二月二十日，岩本大尉等到的不是穿甲彈和高性能飛機，而是三架加裝了長槍的九九雙輕被送來鉾田機場，機上的長槍又號稱「死亡犄角」。對此岩本大尉不滿地表示，上級到底要找誰駕駛那些自殺飛機？

前一天，佐佐木被鉾田飛行師團的庶務課找去談話，大意是告知佐佐木近日會被派到南方，要他事先做好準備。隔天二十日還召開了一場出擊人員不詳的餞別會，這可是史無前例的事情。二十一日，岩本大尉也被上級找去談話，命令他駕駛裝有「死亡犄角」的飛機，並擔任陸軍第一批特攻隊的隊長。出發時間是明天早上八點。

岩本大尉在接獲命令時，露出了怒目咬牙的神情。

福島大尉看到戰友的臉色，也是滿腔怒火。上級偏偏挑上了岩本，這個號稱天才的最優秀飛行員。枉費他一直殫精竭慮研究跳彈轟炸，尋求駁回自殺攻擊的可能性。

高層這麼做顯然有政治意圖，畢竟如果連「跳彈轟炸」的高手都參加陸軍第一批特攻隊，就能夠營造出「非特攻不可」的宣傳效果了。既然否定特攻的岩本大尉身先士卒，其他人也不敢說不。在福島大尉眼裡，岩本根本是上級刻意挑選的犧牲品。

與妻訣別

岩本大尉有一個去年十二月才結婚的妻子，名叫和子。當年和子二十三歲，夫妻倆才結婚十個月而已。接獲命令的當晚兩人吃完飯後，和子陪著丈夫去向親友告別。和子發現丈夫那些朋友的態度非比尋常，也察覺到這一次的出擊不同以往。

回到家裡，和子正忙著泡茶，岩本大尉在餐桌上放了兩組領章。

「一組我用，另一組留給妳，做好用上領章的準備吧。」

和子拿起領章一看，發現那是中佐[17]階級的領章；也就是說連升兩級，升任中佐的意思，而通常連升兩級是光榮戰死才有的榮譽。和子驚訝地看著丈夫，岩本大尉平靜地笑著說，他會開著飛機與敵俱亡，讓和子風光上報。從丈夫的笑容中，和子感受到一股無奈。

晚上九點，和子的父母接到她的電報後來訪，四人聚在一起吃了最後一頓團圓飯，氣氛卻始終開朗。和子明白，那是丈夫勉強裝出來的。

和子想在丈夫的錢包裡塞一些母親給的錢，結果發現錢包裡有自己的照片，這件事完全出乎她的意料之外。「老公。」和子忍不住喚了丈夫一聲，結果丈夫笑了。和子心頭泛起一股暖意，但她隨即想到只有一張照片似乎不夠，便從小盒子裡拿出鑲有紅寶石的戒指。岩本大尉覺得，貴重的戒指沈入海底有點可惜，但他還是接受了和子的好意，緊緊握住戒指與和子的手。

和子再次準備煮飯，是明天早上要吃的紅豆飯。父母則在小客廳裡先行休息。

17　譯注：相當於中校。

整理完廚房後，和子才真正體認到這一切都要結束了，不禁悲從中來。她有好一段時間呆站在流理台前面不知所措，等她重新打起精神回到客廳，卻發現丈夫還沒有就寢。和子坐到丈夫旁邊，彷彿全世界只剩下他們夫妻倆。緊繃的心情瞬間鬆懈，儘管至今忍住淚水、強顏歡笑，此時卻再也無法克制心中的悲傷。和子知道丈夫不喜歡女人家哭泣，但她實在太難過了，便問道：

「我可以哭嗎？」

「可以啊。」丈夫聲音沙啞地說。

和子在丈夫回答以前就哭了。她壓抑著聲音不斷啜泣。丈夫抱住她的肩膀，不發一語。盡情哭完後，和子擦乾淚水，抽抽噎噎地說。

「明天起，我不會再哭了。」

這時候，一滴熱淚滑落和子的手上，丈夫猛然起身關掉電燈。黑暗中，響起了丈夫的啜泣聲。

和子一把抱住丈夫，兩人相擁而泣。

萬朵隊成立

二十一日上午，佐佐木接獲命令，要他轉調到菲律賓的第四航空軍，這正是「萬朵隊」的成立。包含岩本隊長在內，陸軍士官學校出身的菁英飛官共有四名，佐佐木等下士官級的飛行員共有八名。其他還有四名通信員，以及十一名機體整備員。

出發時間是隔天早上。與佐佐木同樣來自仙台航空機駕駛員養成所的鵜澤邦夫軍曹[18]顯得相當興奮，他說雖然養成所不是真正的軍事單位，但他們幹的活可不比軍人差多少。

「聽好囉，一定要讓大家知道，我們的軍人精神不輸給那些正科出身的。」

鵜澤軍曹說個沒完，一旁的佐佐木則是默默地整理出發的行囊。

二十二日清晨五點，岩本大尉一起床就先洗淨身子。他穿好軍服正襟危坐，對著天皇陛下的照片行禮，接著用紙筆寫下辭世的詩句。其中一段如下：

「肉身縱曝南國海，白骨猶唱大和魂[19]。」

18 譯注：相當於中士。

19 譯注：原文為「身はたとへ南の海に散りぬとも　とどめおかまし大和だましひ」，改編自幕末的長州藩志士吉田松陰的辭世詩句。

和子穿著正式的和服坐到丈夫旁邊，同樣用詩句表達自己的心情。

「拋妻離家為報國，但求盡忠瀝肝膽。」

岩本大尉把和子寫下的詩歌放入降落傘袋裡。早餐吃剩的紅豆飯也捏成飯團，一併放入降落傘袋以後，岩本大尉就離開家門了。

鉾田機場的將士、職員、雇員，幾乎所有人都排成一道長長的人牆，來替萬朵隊送行。岩本隊長和隊員們走過人牆，對所有來送行的人敬禮致意。佐佐木沒想到會有這麼多人前來送行，他對這樣盛大的場面有些困惑；只不過大部份送行的人都是恭敬地低下頭行禮，很少有人出聲或朝他們揮手，就好比在目送喪葬隊伍離開一樣寂靜。而岩本大尉更是臉色鐵青，表情也透露出一股陰鬱。

萬朵隊離開了鉾田機場，跑道旁的人群揮舞著小型的日本國旗，看上去就像白色的波浪在搖晃。

岩本隊長的飛機在升空後開始向左迴旋。鉾田機場有一項嚴格規定，所有飛機升空後都必須向右迴旋，因為左邊是彈藥的存放區，為避免發生事故，所以才要求飛機一律不得向左迴旋。然而岩本隊長刻意大幅度向左迴旋，後面的僚機（友方的飛機）也同樣跟隨隊長機做出同樣的行動。

福島大尉看了大吃一驚，他不明白像岩本隊長這樣嚴謹的軍人，怎麼會違反如此重大的規定。他持續看著在機場上空違規迴旋的隊伍，這才驚覺那是岩本隊長的抗議——他無論如何都無法接受自殺攻擊的命令，只好用這種方式表達反抗的意志。福島大尉不禁想起岩本隊長深陷苦惱的表情。

和子站在家門前，聽到飛機的聲音逐漸逼近。和子開始揮手的時候，飛機已經飛到她的上方了。最前方的飛機擺動機翼兩、三次，一眨眼就飛向遠方。

和子感受到一股強烈的情緒湧上心頭，她跑進家中客廳，渾身癱軟跪倒在地。失去摯愛的空虛冷冷地渲染開來，唯獨天皇陛下的照片依舊崇高地擺在那裡。

和子放聲大哭，悲痛欲絕。

特殊任務

包含隊長機在內的三架九九雙輕，首先飛往立川機場接收要運往菲律賓的物資；佐佐木等下士官則分乘三架練習用的飛機前往岐阜縣的各務原機場，他們會在那裡取得自己的飛機。年輕的下士官對於拿到自己的第一架飛機都相當興奮，然而一行人在各務原機場卻沒看到他們要駕駛的飛機。

後來，他們按照上級指示前往機場北邊的停機坪。在一個杳無人煙的地方，排列著大約二十架九九雙輕。那些下士官激動地跑向飛機，卻看到機頭前端突出的三根矛狀物。

「這三根角是啥玩意啊？」

看著自己將要駕駛的飛機，萬朵隊的下士官們面面相覷。

岩本隊長等人也從立川機場趕來，隊長神情嚴肅地對著所有隊員發出訓示。

「我們將要前往菲律賓的激戰區，相信不用我多說，各位也都有以死報國的覺悟。尤其我們執行的是特殊任務，關於這一點我日後會再向各位詳述。總之，請各位做好必死必殺的決心。」

佐佐木等下士官，現在才知道他們執行的是「特殊任務」，同時也察覺這與九九雙輕擋風玻璃前方的三根犄角脫不了關係。

「什麼是特殊任務啊？」鵜澤軍曹不安地問道。

「自殺攻擊啦。」田中逸夫曹長[20]小聲地回答他。鵜澤軍曹臉色大變，再也說不出話來。

「那三根角是引信，受到撞擊就會引爆機體裡的炸彈。」川島孝中尉表情僵硬地說。年輕的下士官們又一次面面相覷，大家的神情明顯動搖了。

本來九九雙輕的機頭有安裝機關槍，但眼前的九九雙輕卻只剩下死亡犄角，機關槍被拆得一乾二淨，連後面的兩挺也不見蹤影。

佐佐木友次愣在原地，凝視著三根死亡犄角。

特攻是否在糟蹋飛行員的努力與技術

過了一段時間，上級命令那些下士官飛行員用特攻機體試飛。岩本隊長看著隊員陸續起飛，身旁則站著立川機場的竹下少佐。當初岩本大尉從鉾田機場前往立川機場領取要送往菲律賓的物資時，竹下少佐說他剛好有事要到岐阜一趟，便順道前來送行。

竹下少佐目不轉睛地盯著觀望試飛情況的岩本大尉，他實在無法接受上級竟然讓這麼優

20 譯注：相當於上士。

秀的軍人進行自殺攻擊。他們兩人今天在立川基地碰頭的時候，岩本大尉終於吐露內心話，表示自己對於這樣的結果非常遺憾，而這是他在鉾田機場絕對不會說出口的話。

「同樣都是上陣殺敵，我寧可用跳彈轟炸執行任務，那才叫得償所望。」

「是啊，真希望讓你一試，如果是你一定會成功的。」

岩本大尉沈默不語，臉頰的肌肉卻在抽搐。之後他語氣悲痛地說，上級難道以為他們這些飛行員是鐵打的死不掉，所以非得在他們身上綁炸彈不可？

陸軍參謀本部說什麼也得讓第一次的特攻成功，因此才特地挑選優秀的飛行員組成「萬朵隊」。可是，優秀的飛行員對自己的駕駛技術相當自豪，他們為了擊沈美國船艦，不斷進行著嚴苛的轟炸訓練。在「俯衝式轟炸」和「跳彈轟炸」的訓練過程中，岩本大尉看過好幾個發生意外殉職的伙伴；光是在鉾田飛行師團，每個月就至少有兩個人死於訓練之中。

這些飛行員一直相信，提升駕駛技術才是支持自己、為國盡忠的最好辦法。而今上級卻要他們採取「自殺攻擊」，無疑是在否定他們以往的努力和技術。更惡劣的是，飛行員拿到的飛機都已經將炸彈直接固定在機體上。可見參謀本部為了防止飛行員貪生怕死而臨陣脫逃，因此乾脆直接把飛機改裝成只能用自殺攻擊引爆炸彈。

岩本大尉無法原諒陸軍參謀本部作戰課員的想法。這是對飛行員的侮辱，而且還不把飛行員當人看。在他看來，想出這種不像樣的作戰方案，簡直愚蠢至極。

「岩本，我有話要告訴你。」竹下少佐把觀望試飛的岩本大尉帶到一旁。

「岩本，有件事我也不曉得到底該不該說。但我實在看不下去了，所以才來這裡想把這件事告訴你。」竹下少佐表情嚴肅地說道。

「什麼事呢？」岩本隊長也嚴肅以對。

「那個自殺飛機，有投落炸彈的方法。」

顯然竹下少佐知道特攻機體構造的秘密，即便飛機被改造過，飛行員還是能用手動的方式投落炸彈。當然，那是違反命令的不合法手段，但竹下少佐還是把方法說了出來。

「用與不用，就交給你判斷了。」

竹下少佐嘴上這樣講，內心卻希望岩本使用這個方法。

「謝謝您特地前來告訴我這個消息。」

岩本隊長虎目含淚，然而真正令他感動的不是得知投落炸彈的方法，而是竹下少佐的袍澤之情。

試飛結束後，下士官們向岩本隊長報告結果的語氣很沈重。原因是他們內心充滿憤怒與不滿的情緒，畢竟他們從鉾田機場出發時，沒有人告訴他們要執行自殺任務，等出發以後才說未免太卑鄙了。不過，佐佐木仍提出準確的報告：

「這架九九雙輕，方向舵根本有問題。水平飛行的時候，還得降下單邊的腳(輪子)，把操縱桿往同個方向壓，機體才不會往旁邊偏移。另外，副翼和升降舵的調整也沒做好，最嚴重的問題是機頭多了三根長角，速度掉了十公里以上，也妨礙機體的安定度。」

佐佐木的結論是，飛機有可能是新出廠的，連測試都沒做過就送來了。他已經將發現的問題回報給整備人員。

一旁的岩本隊長只是默默地聆聽。

死亡飛行

當天萬朵隊便飛往博多灣的雁巢機場，這裡是他們第一個留宿地點。一到雁巢，隊裡的下士官飛行員一改先前的態度，先是近藤行雄伍長抱怨自己被騙了，奧原英彥伍長則感嘆上級要他們執行自殺任務卻隻字未提，未免太過份，好歹也給他們兩三天的假期去見親朋好友最後一面。負責通信的花田博治伍長痛批卑鄙，認為師團幹部應該在出發前或是在下令時就說清楚這是自殺任務；至於鵜澤軍曹則是臉色發青，一聲不吭。這群下士官夜晚跑到博多的街上買醉，想排遣自暴自棄和絕望的心情；岩本大尉也帶著三個中尉，懷著看看日本街道最後一眼的心情上街。

其實，岩本大尉心中也有萬般苦楚。上級命令他在特攻隊離開鉾田之前，不得把自殺任務的內容說出去。他很後悔，自己應該在出發前告訴部下，讓他們爭取到應有的待遇。岩本大尉走進販賣博多人偶的商店，從數量稀少的商品中找到了安眠娃娃；他買下娃娃請店家送給人在鉾田的妻子，還被身邊幾個中尉笑話。當天晚上，和子的日記是這麼寫的：

「二十二日。

外子出發了，時間是早上六點二十分左右，我送他到巴士站，內心感觸良多。之後，我代替外子去感謝親友以往的照顧。入夜時分，大城曹長來替外子傳話，說他今天已經飛到福岡，一切無恙。老公，原來你已經到九州了。

我們一向感情融洽，如今分別實在難過至極。

不過，身為武人的妻子，從明天起我不會再哭泣了。

我已經做好覺悟。你真的是一個溫柔的好男人，在這段不長的婚姻生活中，我很感謝你對我疼愛有加。我會好好照顧家裡，只是我很擔心你腰上的皮膚病，心煩到睡不著覺，直到十二點都依然清醒。

從今往後，我就是一個人了。」

不會喝酒的佐佐木伍長獨自待在宿舍裡，對於自殺攻擊這件事沒有太深刻的體認。想起自己在訓練時果敢逼近船身所看到的景象，他心想，若要駕駛飛機撞向船艦，他很可能會在撞擊前一刻拉動操縱桿，讓飛機上升吧。因為他一直都在接受這樣的訓練。

隔天二十三日，萬朵隊晚了一個鐘頭才離開博多的雁巢機場。主要是機體整備花了不少功夫，每一台飛機的故障問題都很多。一般新出廠的飛機要經過一百小時的試飛才會移交給部隊，光是要確認新引擎有沒有故障，少說也得花上七十小時。然而，萬朵隊的九九雙輕在改裝上「死亡犄角」之後，沒有經過試飛就移交給部隊了。

整備班長村崎正則少尉漲紅著臉罵道，他死也不會讓萬朵隊的成員駕駛有問題的飛機前往菲律賓。上級命令他們執行自殺攻擊已經很過份了，如今竟然拿出沒有試飛過的飛機，實在荒唐至極。

鵜澤軍曹的父親和一位年輕女性也跑來探望他。即便同袍開他玩笑說有老婆來給他送行真好命，但鵜澤軍曹始終面色鐵青，沈默不語。

巧妙的安排

岩本隊長還有另一個煩惱。依照陸軍的組織規定，岩本隊長率領的部隊就應該正式編為「岩本隊」，之後才加上「萬朵隊」這個非正規稱號，象徵他們執行的是特殊攻擊命令，這才是正確的編成順序。然而萬朵隊的所有隊員都是以一介兵卒的身份編入菲律賓的第四航空軍。依照這種編制方式，即便所有成員在岩本隊長的率領下壯烈犧牲，在陸軍的正式紀錄中也只屬於個人行為，而不是作為部隊奉命執行任務。

這讓岩本隊長無法接受。他想了一整晚，得出的結論是用正式的編成命令組織「岩本隊」對高層而言相當不利。部隊的正式編成命令，是以天皇陛下的名義下達的；換言之，高層認為自殺戰術不能冠上天皇陛下的名義，更不能讓別人以為特攻部隊是天皇陛下編成的。可是，實際到了戰場上，所有成員都是以特攻部隊的身份行動，並且為國捐軀；儘管如此，等到他們戰死後，陸軍的正式編成紀錄中卻不會留下「萬朵隊」或「岩本隊」之名，而是只有作為第四航空軍一員的紀錄。

岩本隊長說什麼也無法接受這種「巧妙的安排」。他們失去執行「跳彈轟炸」的機會，還被上級命令用自殺特攻拯救國家，結果卻不被當成正式的編成部隊。這個矛盾的事實令他怒火中燒，恨不得極力主張自己所率領的部隊正式名稱是「岩本隊」，而「萬朵隊」只是通稱，藉此闡明他們並非自願集結的自殺部隊，也不是非正規的團體，而是為了解救國難才編成的正式部隊。

父親的教誨

當天，萬朵隊抵達上海的大場鎮機場。隔天十月二十四日傍晚，他們在惡劣天候下飛抵臺灣的嘉義機場。隊員長時間沿著海面低空飛行，高度低到連浪花都能打到機身。由於嘉義機場的跑道照明被空襲破壞，他們只好依循著零星的篝火降落。

一到機場，岩本大尉就命令所有人集合。那些下士官在風雨中飛行早已疲憊不堪，每個人都滿臉不悅、姍姍來遲。集合地點同樣是靠篝火照明，因為空襲導致電線遭到破壞，所以只好用篝火代替電燈。

岩本隊長在篝火附近集合所有弟兄。火光照亮的不只岩本隊長一人，在他身旁還有一名男子，是從各務原機場與他們一同搭機前來的航空技術將校，人稱阿部少佐。阿部少佐講話有氣無力，結結巴巴地說出飛機改裝過的事實，包括炸彈無法用普通方式投落，機頭上的長管是電導管，以及炸彈會在機身中引爆。

岩本隊長低頭聆聽解說，聽得出來阿部少佐的聲音在顫抖。

「我是以技術人員的身份前來解說，而各位的任務便是執行捨身攻擊，這些飛機正是為此打造的。上級採取這種非常手段，為的是一舉擊潰敵方的機動部隊。如今戰況十分危急，已不得不出此下策。我相信各位死命鍛鍊出來的技術，一定能創下輝煌的戰果，開闢出通往勝利的途徑。」

岩本隊長在解說完畢後命令眾人解散，與阿部少佐一起消失在黑暗的機場中。此時隊員個個都像洩了氣的皮球，愣在原地好一陣子。佐佐木緩緩邁開步伐，卻不知道自己何去何從。他的腦中只剩下一個念頭：這下自己是非死不可了。

走沒多久，他突然想起父親藤吉的訓示。

「人不該輕易捨棄生命。」

藤吉在日俄戰爭時期曾是攻擊旅順二〇三高地的敢死隊「白襷隊」的一員。該部隊會在身上掛著白布條，趁夜衝上高地斜面，試圖強襲敵方陣地。然而，白布條在黑暗中反而成了明顯目標，俄軍的機關槍只要看到白布條就打，白襷隊也幾近全滅。但佐佐木的父親藤吉在這場激戰中存活下來，此後他便產生了一個信念，那就是「人不該輕易捨棄生命」。

日俄戰爭結束後，藤吉平安回到故鄉當別村。對於活著這件事，他建立了一套自己深信的哲學，並持續將其灌輸給自己的小孩。父親對生命的信念，在子女的心中落地生根，讓他們對人生充滿希望。佐佐木友次站在火光搖曳的嘉義機場，內心想起了父親的教誨。

「我絕不會死的。」

同時，他想到了另一個與飛行有關的疑問。特攻機體無法投落炸彈，萬一碰上迫降或意外狀況，炸彈還在機體中豈不是非常危險？這只會造成不必要的犧牲。佐佐木腦中頓時靈光乍現：「難道沒有能投落炸彈的方法嗎？」

火光中隱約可見幾道人影，一同朝著暗處狂奔而去。萬朵隊成員搭乘的九九雙輕，就停在黑暗之中。所有人如發狂似地衝向黑夜，佐佐木也一路奔向停在機場一隅的九九雙輕。大家想的都是同一件事，只是沒有人說出口，一旦說出口就得承擔卑鄙的罵名，更是對軍人精神的背叛。不過，每一個弟兄都想活下來，沒有人隱瞞愛惜生命的念頭。

佐佐木坐上操縱席，按下啟動按鈕。正面的大量圓形計數器以及右邊的配電盤在黑暗中亮起燈光，控制炸彈投落的機器線路連接在配電盤上。佐佐木不斷操作配電盤上的熔斷器和開關，卻沒有任何反應。

最後，他失落地關掉電源，黑暗也再次降臨。機艙成了一處黑壓壓的空洞，佐佐木覺得自己此刻就好像待在墳墓裡。

隔天二十五日，萬朵隊沒辦法前往菲律賓，因為飛機的故障太嚴重，來不及整修完畢。當晚，嘉義機場司令官邀請萬朵隊的將校參加送行宴會。這是萬朵隊出發以來，第一次享受到特別待遇。之前他們抵達各務原、雁巢、上海的時候，受到的都是普通部隊的待遇。佐佐木等下士官的待遇也不一樣了，他們的宿舍變成嘉義市區的一流旅館，還提供各式各樣的料理。由於他們平常在鉾田吃慣了寒酸的飯菜，所以一再向女侍確認，是不是把他們的餐點和將校的餐點搞錯了。

這時佐佐木第一次吃到熟透的木瓜，南方國家豐富多變的水果滋味讓北海道出身的佐佐木非常感動。同時他也深刻體認到，自己真的來到遙遠的南方了。

豪華伙食和一流旅館的特殊待遇等於再次昭告所有成員，他們背負的異常任務是無可逃避的現實。下士官們舉杯痛飲，到街上縱情狂歡；鬧區設有軍人專用的慰安所，裡面有朝鮮和臺灣婦女，隊員們就把自己關進狹小的隔間裡，自暴自棄地買下一夜春宵。佐佐木和二十二歲的奧原伍長，兩人年紀尚輕又不會喝酒，不太想與那些情緒不穩的下士官待在一起，就先回去了。兩人總覺得自己有種被遺棄的感覺。

神風特別攻擊隊的「戰果」

一九四四年（昭和十九年）十月二十五日，正當萬朵隊還在忙著整備機體，沒辦法離開臺灣的嘉義機場前往菲律賓，海軍的第一批特攻隊「神風特別攻擊隊」正式出擊。關行男大尉率領「敷島隊」的五架零式戰機，各載著兩百五十公斤的炸彈與敵人同歸於盡，他們是新聞報導的第一批特攻隊。根據公布的戰果，敷島隊擊沈一艘空母和巡洋艦，還讓另一艘空母失去作戰能力。

海軍「敷島隊」的所有飛行員和陸軍的萬朵隊一樣，包含關行男大尉在內都是經驗老道的高手。飛行員駕駛著他們熟悉的零式戰機，加上雷伊泰的群山擾亂了雷達的搜索，使得奇襲的難度降低不少；況且，美軍從沒料想到日軍會採用自殺戰術，空母上的炸彈也被敷島隊的自殺攻擊引爆，這些因素於是締造了本次特攻的「輝煌戰果」。

只不過，美軍受到重創的空母俗稱護航航空母艦，是用商船改裝成的脆弱空母。不但尺寸只有正規空母的一半左右，排水量僅三分之一，艦上搭載的戰機也才二三十架，遠遠比不上正規空母的一百架以上。這種空母負責在運輸船隊上空派遣戰機，防止船隊被潛艇攻擊。然而，日本軍方直接宣布「擊沈空母」，讓人誤以為對象是正規的空母。自此，所有人就真的相信只靠一架零式戰鬥機的自殺攻擊便能擊沈空母了。

號稱是海軍特攻隊創始者的大西瀧治郎中將在聽聞戰報後，以低沈的聲音自言自語地說：「……犧牲總算沒有白費。」聽說他眼泛淚光，神情激動，態度十分開朗；接著又說，這下有轉圜的餘地了，並因此決意推動特攻作戰。

可是就在兩天後，大西中將對部下說道。

「事情走到這個地步，你就知道日本的作戰指揮有多拙劣了。──我告訴你，這是不入流的旁門左道啊。」

關大尉和其他忠實執行特攻命令的優秀飛行員，內心也是百般糾結。關大尉曾在出擊前接受記者的個人採訪，發表了以下談話：

「報導班員啊，日本這個國家已經完蛋了。他們竟然要殺死像我這種優秀的飛行員。我有自信就算不採用自殺攻擊，也有辦法讓五十番（五百公斤炸彈）擊中敵方空母的飛行甲板。」

採訪地點是機場旁邊的河畔。關大尉接著說道：

「我不是為了天皇陛下或日本帝國執行任務，而是為了最愛的KA（海軍的暗語，也就是妻子的意思）。既然是命令那也無可奈何，萬一日本戰敗，KA可能會被美軍強暴。我是為了保護她才死的，我是為了心愛的人而死。怎麼樣，很了不起吧！」

只可惜這段話並沒有被報導出來。關大尉戰死後，採訪記者本來想寫一篇題為「凡人關大尉」的報導，但軍部得知後怒不可遏，命令他重寫一篇。

「關行男才不是那種掛念兒女之情的人，特攻隊員都是軍神。把神明當成一個普通凡人來報導，實在太不像話了。連這點簡單的道理都不明白，你沒資格當日本國民！小心我槍斃你。」（引用自小野田政《神風特攻隊出擊之日》，今日話題社出版）

軍部主張，特攻隊員不是為了保護心愛的妻子和家人才死的，報紙則把敷島隊的「輝煌戰果」形容成「神鷲忠烈，萬世璀璨」（出自一九四四年十月二十九日的朝日新聞版面，見二四〇頁），當中還有許多「殉義忘身」之類的表現方式。捨棄性命化作神風拯救國難被視為崇高的極致，足以位列仙班，而這種流傳至今的主流印象，從第一批特攻隊出擊以後便產生了。

當天，岩本隊長的妻子把鉾田的房子借給別人住，自己則回到東京的娘家。她的日記是這麼寫的：

「我把整棟房子出借給別人，自己回去位於中野的娘家。這次回娘家和以往不同，我好難過，眼淚不停地奪眶而出。與你分別以後，我的心不如以前堅強了吧。過去你不管出差多久，我都沒有那麼難過。晚上我在娘家的被窩裡，一想到沒有你的孤獨生活，又難過得哭了，對不起。期待你立下大功。」

前往菲律賓

隔天二十六日，萬朵隊正要離開嘉義機場的時候，鵜澤軍曹的飛機故障了。負責維修這架飛機的藤本春良軍曹發現原本好好的油門操縱桿壞掉了，儘管他很確定在保養的時候並沒有問題。由於鵜澤軍曹在離開雁巢時也有發生事故，這讓藤本軍曹認定他是故意搞破壞來拖延時間。起先藤本軍曹相當生氣，但後來產生了一種不忍苛責的心情。萬朵隊於是留下那台尚在維修的機體，出發前往菲律賓。

在橫越臺灣和菲律賓之間的巴士海峽時，佐佐木的心情很雀躍。他在小學的時候就聽過「巴士海峽」的名稱，一直都想找機會在巴士海峽飛行，現在可以說是如願以償。雖說如今他背負著難以想像的命令前往菲律賓，卻仍舊壓抑不住內心的歡騰。

事後回想起來，當時他們的飛機沒有裝設機關槍，完全處於無力迎敵的狀態。萬朵隊駕駛的九九雙輕發射不了任何一發子彈，假如碰上美軍的戰鬥機，就只有挨打的份。不過，佐佐木沒有太在意這些事情，他的心裡被橫越巴士海峽的喜悅給填滿了。況且這次天氣很好，與上次前往臺灣的時候大不相同。在空中可以看到蒼藍的海水和白雲，底下還有太平洋群島。這些景色讓佐佐木想起，自己真的好喜歡飛行。

在越過巴士海峽的當下，佐佐木心想，這一去就要與日本永別了。

飛了三小時左右，萬朵隊抵達菲律賓的利巴機場。佐佐木一離開飛機踏上暗紅色的土地時，一股不寒而慄的緊張感竄至全身，令他深刻體會到自己終於來到前線。然而，機場沒有整備人員出現，也沒有任何聯絡；不曉得是因為正值激戰還是聯繫上出了問題，總而言之萬朵隊並沒受到特殊的待遇，而是與一般的調遣部隊相同，住的宿舍也是簡陋的小屋。

隔天二十七日，佐佐木很早就醒了。窗外瀰漫著淡淡的霧氣，一打開窗戶就有濕冷的空氣帶著清爽的味道灌了進來。佐佐木想起家鄉石狩平原的夏季早晨，但放眼望去不是石狩平原的楊樹林，而是一片挺拔的椰子林。看到這罕見的景色，他再次體會到自己身在南國的事實。

宿舍前面有一整片草地，在霧氣滋潤下就如灑過水一樣閃閃發光。隨後奧原伍長也醒了，兩人於是坐在通往庭園的木製階梯上抽菸。

「終於來到菲律賓了，不知道會不會立刻出擊。」奧原伍長的語氣充滿感慨。

「這就不曉得了，總之我們要快點找到方法啟動電磁閥投落炸彈。」佐佐木把話說得很白。

「佐佐木，我也有想過這一點，為什麼特別攻擊隊就一定非死不可呢？」奧原伍長看著佐佐木說道。

「對啊，打仗的目的又不是尋死，投落炸彈擊中敵軍不就得了，幹嘛一定要駕駛不能投彈的飛機。我不認為有採用自殺攻擊的必要。」

兩人彼此都認同對方的觀點，這是沒辦法隨便對其他人說的心裡話。

不曉得隊長是怎麼想的？佐佐木認為這才是問題所在。要是隊長會怎麼說呢？

佐佐木挺喜歡岩本隊長這個人的。基本上在軍隊裡，大尉和伍長並不會親密交談，畢竟陸軍士官學校出身的菁英和下士官當中最低階的伍長在地位上有著天壤之別。這是軍隊的階級差異，也是無可否認的現實；儘管如此，佐佐木認為岩本隊長相當器重他。

岩本隊長是操縱九九雙輕的高手，佐佐木覺得隊長很信賴他的駕駛技術。當初萬朵隊成立時，隊長特地邀請佐佐木加入，令佐佐木大受感動，畢竟將校主動找上伍長實屬罕見。再者，年僅二十八歲的岩本隊長也不會下達不合理的命令，或是對下屬拳腳相向。當然，隊長本人受到命運的無情操弄，根本沒有心思做這些事，但這也是佐佐木喜歡岩本隊長的理由。

早上，岩本大尉發表完簡單的訓示和命令，就前往機場大隊的本部，試圖與第四航空軍和機場大隊取得聯絡。離開鉾田時，岩本大尉臉上盡是苦惱的神色，然而抵達利巴機場才過了一夜，他的表情已經變得險惡，露出一個二十八歲青年不該有的凝重面容。

隊員們走到機場，進行飛行的檢查和整備工作。整備班長村崎少尉接到一則消息，較晚出發的鵜澤軍曹在菲律賓的林加延海岸迫降，被送往醫院治療。負責整備的藤本軍曹告訴村崎少尉，飛機本身的狀況確實不好，但不至於壞到那種地步，同時告知萬朵隊離開嘉義機場時鵜澤軍曹的飛機油門操縱桿突然壞掉一事。不管怎麼想，都只能認為是鵜澤軍曹故意弄壞飛機才導致迫降，這讓兩個整備班成員的臉色沈了下來。

二十八日，萬朵隊的待遇為之一變，原本他們住在椰子樹葉搭建成的小破房，現在則搬進了設備良好又有屋瓦的建築裡。隊員們還拿到新的防暑衣，不必再穿離開鉾田時那一身髒兮兮的軍服了。

儘管飛機內部被熱帶的陽光曬出四十度以上的高溫，佐佐木仍一直待在飛機裡，尋找投落炸彈的方法。

酷愛形式的富永司令官

二十九日，岩本大尉接到上級命令，要他從菲律賓的利巴飛往相隔約四百公里遠的內格羅斯島的錫萊，會見第四航空軍的富永恭次司令官。富永司令官是一個很看重形式的人，當他得知特攻隊抵達菲律賓，就一直想著要見隊長一面。他很擅長對士兵握手拍肩，鼓舞他們的士氣；即便底下的參謀認為讓隊長在沒有制空權的地方長途飛行非常危險而加以勸阻，他依然置若罔聞。

岩本隊長非常不高興，他不明白駕駛一架沒有機關槍的九九雙輕在沿途躲避美軍戰機，特地到四百公里外的內格羅斯島進行申告究竟有何意義。由於馬尼拉的司令部並沒有司令官，所以岩本隊長早就代為向參謀長報備過了，照理來說根本沒有必要另行申告。

司令部的參謀都希望富永司令官回到馬尼拉指揮作戰，但富永司令官完全不懂航空，還死守著陸戰的思維，以為勇敢的司令官應該待在最前線才對。事實上在指揮航空作戰時，司令官最好待在情報的集散地，而菲律賓的首都馬尼拉正是機要位置；然而富永司令官不顧眾人反對，執意要待在情報傳遞時常中斷、不適合指揮作戰的最前線。

為什麼一個完全不懂航空戰的外行人，會擔任在菲律賓的天空與美軍一決勝負的第四航空軍的最高司令官？這當然是有原因的。前首相東條英機（兼任陸軍大臣和參謀總長）用人好惡分明，而富永司令官正是他的愛將。富永在成為司令官以前，曾兼任陸軍次官和人事局長；陸軍次官是陸軍的第二號人物，地位僅次於陸軍大臣。

東條英機擔任首相時，因塞班島一役[21]大敗導致絕對國防圈（為了防衛本土持續抗戰，日本在一九四三年九月三十日訂下的死守範圍）被破而引咎辭職。時任陸軍次官的富永要求東條英機續任陸軍大臣，但讓一個負起戰敗責任辭去首相職務的人繼續留任，這樣的要求未免太過荒謬。小磯國昭首相拒絕了，富永於是毛遂自薦擔任陸軍大臣，在遭到拒絕以後乾脆讓陸軍大臣一職空著。當小磯一派好不容易解決此事，富永卻依然穩坐陸軍次官的位置。

過了一段時間，富永將陸軍省[22]的公家車供東條大將私用，引發了不小的問題。反東條派為了排除東條派的勢力，便趁機把富永調到菲律賓第四航空軍擔任司令官。小磯內閣的杉山元陸軍大臣自認這個人事安排相當精明，也就是給東條派的富永一個名稱響亮的職缺，趁機將他趕出日本的陸軍本部。更何況富永對於航空一竅不通，派去菲律賓搞不好還能害死他，藉此擺脫一個礙事的包袱。

對於那些想要削弱東條勢力的人來說，這或許是一個好方法，但被迫接受這個決定的單位可就倒大楣了。富永完全沒有航空戰的知識與經驗，就連陸戰也沒打過幾場，這種人竟然當上了激戰區的航空軍總司令官。

21 譯注：這場戰鬥中日軍和美軍的戰力大約是一比二（三萬多人對六萬多人），但日軍幾近全滅，居民亦死傷慘重。

22 譯注：陸軍省是日本在二戰以前掌管帝國陸軍的內閣機構及軍政機關，相當於他國的陸軍部。

軍隊終究是個階級社會，命令是絕對的，就算再怎麼愚蠢、不合理、沒意義，也必須執行到底，這就是軍隊的規定，亦是維持軍隊紀律的唯一準則。富永司令官到任以來，由於缺乏航空戰的知識，持續下達各種不合理的命令，許多士兵就這樣因為荒唐的命令而枉死。面對組織高層的派系鬥爭，犧牲的永遠都是底下的人。

岩本大尉前往內格羅斯島的錫萊向富永司令官申告到部以後，總算平安無事地返回利巴。他向妻子寫了一封信，內容如下：

「和子

別來無恙否？我在二十六日順利抵達菲律賓了。我們的隊伍獲頒萬朵之名，我身為隊長也得好好表現才行，（中略）以免辱沒了隊名，請不用擔心我。妳的父母還好嗎？妳要好好照顧他們，也別忘了顧好自己的身子。（中略）這次在菲律賓生活，我比以前更有食欲，天氣也十分涼爽，與本土的秋天一樣，狀況相當良好。

再來我可能有一陣子沒辦法寫信了，妳要保重。　　十月二十九日」

岩本隊長的作戰

三十日，熱帶氣候的大雨滂沱落下。正當佐佐木等人討論著今天不用執勤了，岩本隊長召集所有飛行員到航空宿舍，說是要研究攻擊的戰術。牆上貼著菲律賓的全域圖，岩本隊長站在地圖前面，頂著嚴肅的表情緩緩說道。

「我們的任務，是轟炸雷伊泰灣的美軍艦隊，並且將他們擊沈。現在開始我們要研究攻擊的策略，在此之前先說明我們駕駛的飛機。

我們拿到的九九雙輕，有三根犄角的，也有一根犄角的。加裝三根犄角是要讓炸彈確實引爆，但實際上一根就足夠了。更何況三根那麼長的東西突出來，一定會影響到飛行。所以我拜託這裡的整備廠，把三根犄角的機體都減少為一根。」

隊員們無一不對出乎意料的談話內容感到吃驚，他們凝視著岩本隊長銳利的眼神。

馬尼拉航空廠的第三分廠就位在利巴，主要負責修理和整備工作。顯然岩本隊長沒有獲得上級的許可，就決定擅自變更機體的構造。

「還有一個改裝的部份，也就是把原先沒辦法投落的炸彈改成可以投落了。」

佐佐木等人倒吸一口氣，大家面面相覷，不敢相信自己聽到的話。

「話雖如此，但我們不能增設投落裝置，因此只好裝上手動鋼索。各位只要在操縱席上拉動鋼索，就能啟動電磁閥投落炸彈。那為何還要留下一根犄角呢？坦白講，這麼做一點意義也沒有，全部拆掉也無所謂，只是留著比較不會有麻煩。

之所以這麼說，是因為這次的機體改裝完全是我個人的獨斷專行。第三分廠要是沒有四航軍（第四航空軍）的許可也沒辦法進行這種改裝，但當我把原委告訴分廠長，好好拜託他以後，他也同意了。

分廠長也認為，製造特攻機體是個愚蠢的決定。這是當然的，畢竟在飛行員和飛機都短缺的情況下還發動特攻戰術，把人力物力用在一次性攻擊上，只會造成更大的損失。簡單說，我們的目的是命中敵方，而不是與敵俱亡。」

岩本隊長愈講愈亢奮，口氣也變得更加熱切。

「為了避免誤會，有件事我要說清楚。我未經四航軍的許可擅自改裝機體，絕不是因為我貪生怕死。我希望善用自己的生命和技術，盡量多擊沈一些敵艦。特攻不單是浪費飛行員的生命，能擊沈敵艦的機率也不高。我不知道構思出這種戰術和機體的是航空本部還是參謀本部，總之若非完全不懂航空的門外漢，再不然就是思慮不夠周延的笨蛋。」

聽到岩本隊長義憤填膺的說詞，佐佐木熱血沸騰，心中的陰霾也一掃而空。

其實佐佐木一直在猶豫。縱使他找到投落炸彈的方法，也沒辦法擅自改裝機體，找到方法又能怎麼樣？而今，岩本隊長的一席話破除了他的迷惘。

接下來，岩本隊長開始說明攻擊要領。首先他要隊員做好心理準備，他們必須面對超乎想像的防空砲火，而且飛機上還沒有任何防衛火力。

佐佐木這些下士官沒有受過「跳彈轟炸」的訓練，岩本隊長於是用自己的雙手詳細解說俯衝式轟炸的俯衝角度和方向。所謂的俯衝，是指沿著船艦「軸線」急速下降，也就是從縱向把船頭到船尾看成一條直線，這條線便稱為「軸線」。要是從船艦的側面俯衝而下，與船艦的接觸時間就只有一瞬間；但如果沿著「軸線」俯衝，就能大幅拉長近距離接觸的時間。小型船艦的甲板少說也有一百公尺，大型船艦的上甲板則長達兩百公尺，一旦有了這麼長的距離，才能提高炸彈的命中率。只不過，俯衝時必須從敵方的船尾接近，否則從敵方船頭就算沿著「軸線」飛行，也會因為雙方迎面而過減少貼近甲板的時間。

「萬一在俯衝時不幸被防空砲火擊中，只要位在軸線上，至少還能用自殺攻擊作為最後的殺敵手段，不會白白浪費生命。然而，你們有權不斷地嘗試，直到成功捕捉轟炸目標。在轟炸成功以前，務必好好珍惜自己的性命，千萬不要輕易赴死。」

岩本隊長的一字一句變得更加熱切，所有飛行員都感到精神抖擻。

岩本隊長發下油印機印出來的菲律賓地圖，上面標示了日軍使用的所有機場位置和地名，包括哪些機場備有部隊和燃料，哪些機場離敵軍比較近、起降風險特別大等等，數量將近一百五十座。這等於是向隊員提供了在任何情況下都能夠降落的地點。

岩本隊長詳細解說完機場位置後，鏗鏘有力地說道。

「各位出擊後，一定要擊中敵軍活著回來。」

集會室裡充滿著異常緊張的氣息，此舉無疑是違抗命令的重罪，在軍隊裡說這些話是會出人命的。

大伙盯著岩本隊長，大氣也不敢喘一下。

之後五天，萬朵隊在等待出擊命令的過程中，每天持續進行艱苦的訓練。岩本隊長命令隊員反覆練習俯衝轟炸和降落，偶爾還責罵奧原伍長的降落方式不夠穩定。十一月一日，各家報社的特派員來到利巴機場，採訪陸軍的第一批特別攻擊隊。沒有人懷疑為何視死如歸的萬朵隊除了練習俯衝轟炸以外，還要進行降落訓練，真正的用意唯有佐佐木等隊員才知道。

十一月三日訓練結束後，奧原伍長向佐佐木發牢騷，坦言自己技術不好，很不擅長俯衝轟炸。佐佐木自信滿滿地回答，只要果斷地往下衝就沒問題了。雖然從五百公尺以上的高空投落炸彈對於自己的飛機來說比較安全，但要準確命中敵軍，就有必要衝到五百公尺以下。只有盡可能地接近敵軍，才能提高命中率。

「希望轟炸完可以順利逃脫啊。」奧原伍長露出了不安的神情。

「投彈以後馬上拉起機體，一定會被敵人從後方擊中。」佐佐木答道。他接著篤定地說，也因此投落炸彈以後要滑進船舷的位置，船舷一帶是死角，幾乎不會有危險；再來只要沿著海面飛行，就能安全脫離了。但奧原伍長擔心的是，衝到五百公尺以下的高度，一旦側過機身的時間晚了一秒，就會直接衝進海裡。

對此佐佐木並不擔心，他知道自己辦得到。面對變得更加不安的奧原伍長，佐佐木再次提醒他，想活著回來這是唯一的辦法。聽完這句話，奧原伍長表示自己會照辦，但神情顯得很沒有自信。佐佐木心裡也認為奧原伍長八成辦不到，只是並沒有說出口。

強人所難的馬尼拉之行

十一月四日，包括岩本隊長在內的五名將校接獲前往馬尼拉的命令。除了遠在內格羅斯島的富永司令官終於返回馬尼拉，且這位看重形式的司令官決定宴請陸軍的第一批特攻隊員之外，另一個原因是岩本隊長擅自改裝九九雙輕的消息外流，馬尼拉司令部的參謀要當面質問原因。不過，司令部其實並沒有很重視改裝事件，純粹是順便為之而已；招待將校去馬尼拉的高級餐廳「廣松」，找藝伎陪他們飲酒作樂，讓富永司令官鼓舞一番，才是最主要的理由。

當天晚上，佐佐木和奧原伍長打算去集會室下棋，發現將校們正好在裡面。二人趕緊停下腳步立正站好，安藤浩中尉要他們不必拘束，直接進來就好。自從來到利巴以後，將校和下士官之間的階級觀念已不像之前那麼嚴謹，畢竟大家都被編到非死不可的特攻隊裡，多少也產生了將心比心的袍澤之情。園田芳巳中尉開玩笑地說，明天岩本隊長和其他空中勤務將校（包含飛行和通信）都要前往馬尼拉，佐佐木等人可以拜託隊長帶些土產回來。岩本隊長笑著勸戒中尉，叫他不要煽動兩個純真的部下。佐佐木心想，他好久沒看過岩本隊長笑了。

隔天，十一月五日上午八點，岩本隊長交待佐佐木等人上午整備飛機，下午實施飛行訓練後，便和剩下四名將校一同搭乘九九雙輕前往馬尼拉。這天呂宋島的天氣很晴朗，太陽高掛空中，強烈的日照曬得皮膚隱隱作痛。儘管每天早上美軍都固定會在這個時段發動空襲，岩本隊長等人搭乘的九九雙輕還是在沒有任何砲火與護衛的狀態下，獨自前往馬尼拉。

岩本隊長起飛沒多久，利巴機場就遭到美軍兩次空襲。這是佐佐木第一次遇上激烈攻擊，他聽到炸彈劃破空氣落下的聲音，接著就是一連串恐怖的爆破聲，炸得天搖地動。佐佐木只能緊緊抱著椰子樹趴在地上，頭上傳來機關槍掃射椰子的聲音，大片樹葉隨即散落在佐佐木等人的身上。空襲導致萬朵隊的一名民間整備員死亡，飛行員和通信員各有一名身受重傷。

上午十一點過後，萬朵隊接到第四航空軍司令部傳來的無線電。

「岩本隊長盡快出發，若情況不利飛行，可改搭汽車前來。」

利巴和馬尼拉的直線距離約九十公里，按理來說九九雙輕只要飛大約二十分鐘就能抵達，而岩本隊長的飛機早在上午八點就出發了。

到了下午，司令部又傳來無線電，要求岩本隊長盡快出發。萬朵隊成員對於心中一股不祥的預感感到十分害怕，不過他們安慰自己，岩本隊長是技術高超的飛行員，就算碰上美軍戰機也能逃出生天。

晚上九點過後，萬朵隊成員接獲消息，得知岩本隊長駕駛的九九雙輕遭到美軍的格拉曼戰機擊落，岩本隊長等四名將校不幸戰死。海軍的年輕飛行員恰巧在上午八點左右目擊到事發經過，當時九九雙輕正在馬尼拉附近四百到五百公尺的高度飛行。據海軍飛行員所言，九

萬朵隊成員。攝於 1944 年 11 月 5 日。從左至右依序為隊長岩本益臣大尉、園田芳巳中尉、安藤浩中尉。幾位將校隨後在飛行中遭到美軍戰機擊落身亡。（朝日新聞社提供）

九雙輕是在尋找馬尼拉周邊的機場。說時遲那時快，從九九雙輕的後上方似乎有兩個黑點急速下降，仔細一看原來是兩架格拉曼戰機。兩架美軍戰機從後方高處俯衝射擊後急速拉升，九九雙輕則是大動作迴旋，消失在貝湖的方向，隨後冒出了陣陣黑煙。陸軍連忙編組救援部隊搜救，最後在馬尼拉附近的貝湖湖畔找到了岩本隊長等四名將校的遺體，唯獨通信科的中川克己少尉重傷生還。其他四名飛官皆因遭到機關槍掃射，當場死亡。

萬朵隊成員做了一個小祭壇，替死去的長官守靈。弟兄們都哭了，痛罵司令部的召集命令太不合理，岩本隊長等人竟為了富永司令官的宴會白白犧牲。陸軍第一批特攻隊，就這樣一口氣失去了隊長和將校級飛行員。

前一天晚上，岩本隊長還在集會室說道。

「當飛行員的，早就有視死如歸的覺悟了。同樣都是死，我希望死得有意義一點。上頭的人因為做了「特」號機（特攻用機體）就叫我們執行自殺攻擊，也不管能不能擊沈敵方船艦，腦子實在有問題。」

佐佐木氣得咬牙切齒，一想到隊長壯志未酬身先死，他實在無法忍住哭泣。

倖存的人

一九四四年（昭和十九年）十一月八日，萬朵隊從利巴機場轉移到馬尼拉旁邊的加洛坎機場。這支特攻隊失去了所有將校級的飛行員，無法充分執行作戰任務，所以才調到馬尼拉附近的機場，接受第四飛行師團的指揮。包含佐佐木在內，下士官飛行員只剩下五名；經過十一月五日的空襲，有兩名下士官飛行員受傷，先前迫降的鵜澤軍曹也還在醫院治療。

十一月十日，富永司令官召集了剩下的萬朵隊成員。

「我知道各位痛失敬愛的長官，但切莫懷憂喪志。你們要連長官的份一起努力，好好達成任務。」富永司令官對著佐佐木等九名隊員發表精神喊話。

「有一點要特別注意，千萬不要白白浪費生命。在找到攻擊目標以前，你們要折返幾次都沒關係。另外，在任務達成之前，記得好好愛惜自己的身體。」

佐佐木凝視著對基層來說遙不可及的司令官的臉龐。

「最後我要告訴各位，不是只有你們會與敵俱亡。等你們壯烈成仁後，第四航空軍所有的飛行員也會追隨你們的腳步，我本人也會搭上最後一架飛機，和敵人同歸於盡。請你們安心執行任務吧。」

佐佐木被這番話打動了，他本來認為岩本隊長是富永司令官害死的。然而，司令官的這番話帶給他溫情與勇氣。

岩本隊長的妻子從東京回到鉾田後，接到電話得知丈夫戰死的消息。和子用力捏住大腿強忍嚎啕大哭的衝動，她告訴自己不能哭，軍人的妻子是不能哭泣的。

十一月十一日，有消息指出已經掌握美軍機動部隊的行蹤，萬朵隊於是進入緊急待命的狀態。入夜後，隊員接獲明早出擊的命令，他們必須對雷伊泰灣的美軍船艦發動特攻。過沒多久，一場送別宴會在日本料理店舉行。包含佐佐木在內的五名出擊隊員被安排在壁龕前面的上座，第四飛行師團的參謀長猿渡篤孝大佐[23]，以及在機場執勤的將校則坐在對面的下座。

出擊前夜

十一月十二日凌晨三點，富永司令官、猿渡參謀長、萬朵隊攻擊隊員和其餘隊員聚集在加洛坎機場的帳篷裡。椰子油燃起的昏暗光線，照亮了帳篷裡的各個身影。蓋著白布的桌面中央擺了三瓶酒，酒瓶旁邊有海苔壽司、紅白雙色的麻糬、香菸等奢侈品。

佐佐木等特攻隊員的胸前，掛著一個用白布包裹的小匣子。那是為戰歿隊員所準備的遺骸匣，而包覆著小匣子的白布兩端就直接綁在佐佐木等人的脖子後面。每一個小匣子前面都寫有十一月五日那天死去的將校姓名，但實際上死去的將校遺骸已被安置在馬尼拉的東本願寺裡，匣子裡只裝有記下靈位的紙片，象徵英靈與隊員同在。佐佐木掛的匣子上面寫著「川島中尉之靈」，「岩本大尉之靈」的匣子則掛在田中曹長胸前。

23　譯注：相當於上校。

在出擊前乾杯的萬朵隊隊員，由左至右分別是佐佐木友次伍長、生田留夫曹長、田中逸夫曹長、久保昌昭軍曹、奧原英彥伍長。（每日新聞社提供）

富永司令官再次展開精神喊話，內容和前幾天講的大同小異。首先他表示相信特攻隊員一定會立下大功，接著要特攻隊員盡量攻擊空母，若找不到空母就攻擊戰艦；沒有合適目標的話，果斷折返也可以，千萬不要找小型船艦攻擊。

猿渡參謀長斟滿日本酒乾杯以後，勸大家多吃點壽司或麻糬填飽肚子。田中曹長嘴上說好，卻沒有動手；與田中曹長共乘一號機的通信手生田留夫曹長說自己已經吃飽了，嘴巴卻在打顫，而久保昌昭軍曹同樣臉色不太對勁。顯然所有人都沒心情吃東西。

猿渡參謀長又勸大家多喝點酒。奧原伍長的手抖得厲害，不小心弄倒桌上的杯子，酒全都灑到桌上，杯子也摔破了。佐佐木看到奧原伍長的樣子，心想這位同袍大概沒辦法按照約定，在轟炸完敵軍以後順利生還。令佐佐木自己也感到意外的是，他的心情很平靜，而且精神抖擻、鬥志昂揚。經歷過日俄戰爭的父親曾教導他，人不該輕易捨棄生命，他一直在心中默念這句話。

隨後，田中曹長命令隊員整隊出發。分乘四架飛機的四名飛行員和一名通信手，一齊跑向了黑暗中的機場。夜色中隱約可見零星的火光連成兩條長長的直線，這是負責地面勤務的士兵點燃椰子油做出的標示燈號。兩排紅色的點線，就這樣形成了長度一千兩百公尺、寬度三十公尺的跑道。接著震耳欲聾的機械運轉聲響起，擔任護衛的二十架隼戰機已經蓄勢待發。若說海軍以零式戰機為傲，陸軍的驕傲便是隼戰機[24]了。特別攻擊隊的九九雙輕由於拆掉了砲火，絲毫沒有自保的能力；不僅如此，機體原本最多只能搭載五百五十公斤的炸彈，如今卻搭載了八百公斤，速度和靈活度都大受限制。因此萬朵隊需要戰鬥機掩護，以抵擋美軍的攻擊。

佐佐木坐上操縱席，將川島中尉的遺骸匣放到一旁。眼前的各種計數器就宛如深海魚一般綻放出微弱的冷光，油表顯示著燃料已經加滿。佐佐木檢查機械和計數器後按下按鈕，降下飛機的襟翼；本該四人共乘的九九雙輕，現在他得獨自操縱才行。飛機搭載八百公斤的過

24 譯注：正式名稱為一式戰鬥機。

重炸彈，再加上三公尺長的死亡犄角，駕駛起來與普通的飛機完全不同，連要起飛都沒那麼容易。佐佐木戰意昂揚，卻也同樣緊張。

天色尚未破曉，下弦月高懸夜空。熱帶地區的弦月細瘦而明亮，太陽升起前的氣溫也不至於暑熱，與日本的初秋差不多。最先發出巨響飛上夜空的，是名為「百式司偵[25]」的大型高速飛機，主要負責誘導萬朵隊前往戰場。田中曹長的一號機和久保軍曹的二號機緊隨其後，三號機是奧原伍長，佐佐木則是四號機。佐佐木握著操縱桿凝視前方，兩旁是一整排燃燒椰子油點亮的標示燈，後方則傳來陣陣負責掩護工作的隼戰機編隊的引擎聲。佐佐木緊張得渾身發抖，打從十七歲第一次在仙台駕駛飛機以來，他從來沒有這麼緊張過。

前方有人在揮舞火光，是出發的信號。田中曹長和久保軍曹的飛機噴出藍白色的火焰沿著跑道起飛，剩下的萬朵隊成員和第四飛行師團的士兵紛紛扯開嗓子大叫，要他們好好加油，替死去的隊長報仇。佐佐木在面前揮舞雙手，示意整備員移除飛機的輪擋。他踩著機輪煞車踏板並推動油門桿，接著將踏板放開，飛機隨即往前行進。機身不斷越過前方的火光，看上去連成了一條火線；佐佐木感覺機身很重，握著操縱桿的手掌確實能感受到八百公斤炸彈所帶來的阻力。過大的炸彈無法完全塞入彈倉中，導致下半部向外突出，機體因此得承受更多的阻力，而死亡犄角也同樣產生了複雜的影響。

佐佐木緊握操縱桿，仔細觀察計數器的數據。增壓兩百，速度一百四十、一百五十、一百六十；飛機的機輪離開陸地，標示燈連成的紅線一下就被甩到後方的黑暗中。通常飛行員的工作到此告一段落，但單人駕駛的話就不只如此。佐佐木還得收起襟翼和機輪，緊張的時刻依然持續。這個程序一旦失敗就會失速墜落，起飛的瞬間可以說是最危險的。佐佐木謹慎地放開右手操縱桿，趕緊換用左手握住。右手收起襟翼後機體變輕許多，接著他使盡全力拉起機輪，飛行服底下都在不停冒汗。

佐佐木觀察四周尋找僚機，月亮看起來很近，高度計的指針在兩百的刻度擺動。眼前一整片星海之中，應該有會動的紅色星星才對，象徵著僚機的翼燈。佐佐木一邊尋找，一邊持續爬升。夜晚的空中集合很困難，有時候編隊無法在空中確認彼此位置，甚至得因此中止出擊。要在視線不佳的夜晚高速飛行，又沒有雷達可用的情況下與我軍匯合，是需要具備一定技術的。過了不久，排氣管噴出的藍白色火焰映入眼簾，佐佐木便以此為指標在星空中穿梭。

此時飛機早已遠離加洛坎，大地被淹沒在深沈的夜色中。佐佐木在前方和左方清楚看到

25 譯注：全名百式司令部偵察機。

三架飛機的紅色翼燈和藍白色排氣火焰。危險的起飛上升階段已過，空中集合也完成了。引擎的運轉狀況不錯，佐佐木回頭觀察後方，緊隨萬朵隊起飛的二十架隼戰機仍不見蹤影。

目前高度三千公尺，時間是凌晨四點三十分。晴朗的星空即將迎來破曉，距離抵達戰場上空還需要大約兩個小時。佐佐木看著擋風玻璃上，自己被機艙內的微弱燈光照亮的臉龐。

「好好加油啊。」佐佐木鼓舞自己，一定要幫岩本隊長報仇。

為了岩本隊長，這次任務非成功不可。佐佐木決定，轟炸敵方船艦後，一定要活著回來。

雷伊泰灣之戰

隨著天色逐漸轉亮，在熹微的晨光中，佐佐木發現狀況不太對勁。前方和左邊本該有三架僚機，如今卻只剩下兩架；他環顧四方，卻怎樣都找不到剩下的那一架。從位置來看，脫離那兩架僚機的應該是奧原伍長的三號機，不曉得是發生事故，還是引擎故障？難不成奧原伍長跟丟了隊伍，抑或只是單純折返？

佐佐木想起奧原伍長不安的表情。奧原伍長曾說自己很不擅長俯衝轟炸，之前在帳篷裡的時候，奧原伍長也緊張到手抖個不停。前往雷伊泰灣意味著面對死亡的威脅，說不定奧原伍長承受不了這種壓力吧。面臨死亡的恐懼，他也許忍不住折返了；一想到這裡，佐佐木對奧原伍長感到相當同情。

當天色變得更加明亮，佐佐木注意到上空點狀的黑影，是負責掩護工作的隼戰機編隊。隼戰隊的位置比萬朵隊高出三百公尺左右，他們在萬朵隊的左右兩側警戒美軍，長度較短的機翼顯得熠熠生輝。看到隼戰隊飛行的英姿，佐佐木熱血沸騰，自然而然地就將奧原伍長的事情拋諸腦後。遠在下方處可見陽光穿透雲間，綻放出強烈的光芒。

「我要在戰隊面前，用八百公斤的炸彈成功轟炸敵軍。」佐佐木在心中發誓。

佐佐木緊盯著前方田中曹長的飛機。在編隊飛行的時候，七成注意力要放在隊長機上，剩下三成注意力用來觀察周遭。機翼下方看得到白浪濤濤的海岸線，將波光粼粼的大海與覆蓋著蓊鬱樹林的陸地區分開來。那是一座巨大的島嶼，佐佐木馬上看出那是薩馬島。這座島的南側正是本次的作戰目標雷伊泰灣。

對佐佐木而言，在藍天下飛行真的非常愉快。不，就算是在夜空翱翔也同樣令人愉悅。只不過白天的時候，能夠一邊俯瞰底下蔚藍的大海一邊航行，實在太幸福了。佐佐木再次體認到，哪怕是即將面對死亡，也不會改變他對飛行的熱愛。他心想，也許是因為天生好強，再加上對自身的操縱技巧很有信心，以及父親要他珍惜生命的教誨，所以自己才沒有像奧原伍長那麼緊張；當然，也有可能單純是自己很喜歡飛行罷了。

飛機爬升到五千公尺的高度，過沒多久便能從前方較低的雲層之間看見一片泛著灰色的碧藍海面——雷伊泰灣。佐佐木握住設置在駕駛座上的兩根鋼索之一的把手，那是岩本隊長拜託航空分廠改裝的裝置。他用力一拉，吊住炸彈的電磁閥安全裝置應聲解除；接下來只要再拉第二根鋼索，就能隨時投落炸彈。

靠近雷伊泰灣意味著他們進入了危險空域，當佐佐木目視到雷伊泰灣的時候，美軍的雷達肯定也已經捕捉到日軍的編隊。沒有人知道美軍戰機會在什麼時候從何處發動攻擊，佐佐木只能繃緊神經，持續警戒四周狀況。這時，負責掩護的隼戰隊解除了隊形，各自朝著四面八方散開，機翼下方可見黑色的圓形物體掉落，那是增加燃料搭載量的輔助油槽；其中也有戰機繼續爬升，這意味著隼戰機的編隊已經切換為戰鬥隊形。佐佐木趕緊確認時鐘，上頭顯示著五點四十分。他挺直身子往下俯瞰，在高度一千兩百公尺到一千三百公尺的地方，有一片斷斷續續的白雲，雲間隱約可見深藍色的海面。

田中曹長和久保軍曹的飛機保持著一定的間距持續往雷伊泰灣前進。萬朵隊的三架特攻機體，如今已經抵達雷伊泰灣的正上方。

「我正在敵人頭上。」一股強烈的緊張感和戰意，湧上佐佐木心頭。海面上，幾個黑影在佐佐木眼前一閃即過，但立刻就被斷斷續續的雲層給擋住。他目不轉睛地凝視著，直到雲層散去。

「有了！」佐佐木看到三艘船艦排成縱列，往雷伊泰灣的外海航行，在海面上還留下了白色的航行軌跡。是戰艦嗎？不，好像太小了一點，但確實是軍艦沒錯。田中曹長似乎也注意到了，他的飛機開始往敵方艦列的方向移動。佐佐木緊追在後，同時繼續在海面上尋找目標，可惜一直找不到空母。

田中曹長打算從敵方船頭的軸線衝進去，久保軍曹也採取了相同的戰術。以當前的狀況來說，理想的俯衝應該從船尾切入，從船頭切入的話就會如岩本隊長所言，雙方迎面而過將會減少接觸的時間；另外，採用俯衝轟炸時最好背對陽光，因為刺眼的光線多少能擾亂敵方砲擊的精確度，但當下並沒有配合好太陽的位置。還有一點，佐佐木發現他們的高度太高了。目前的高度是五千公尺，打從他們在鉾田機場訓練以來，練習俯衝轟炸的高度一直是三千公尺，超過這個高度的練習經驗就只有一兩次而已。一旦高度愈高，切入的角度就愈大，也會更加提高捕捉目標的難度。

眼看三架九九雙輕逐漸逼近艦隊正上方，既然他們已經從船頭切入，幾秒後飛機和船艦就會錯身而過，失去攻擊的機會。在這個節骨眼上，田中曹長揮動機翼發出俯衝的信號，久保軍曹的飛機也尾隨其後。兩架飛機壓低機頭，開始向下俯衝。

入陣

當佐佐木的飛機朝下鎖定目標時，軍艦已經非常靠近他的正下方。佐佐木頓時感到一絲不安，擔心他切入的角度過大。但與此同時，他依然用盡全力地壓動操縱桿，以第三艘軍艦為目標。俯衝造成的壓力為他帶來強烈的衝擊，全身上下彷彿快要散架了。某個東西被拋到駕駛座後面，發出了巨大的撞擊聲響，那是川島中尉的遺骸匣。

就算飛機從船尾的軸線切入，船艦面對空襲也不可能筆直逃跑，而是會採取之字形的迴避行動。因此以超過五百公里的時速俯衝的飛機必須預測船艦迴避的動線來發動攻擊，一旦預測失誤就會直接衝進海裡，而不是衝向敵方的船艦。要在實戰中進行俯衝轟炸，遠比想像得更加困難。

佐佐木的切入角度約在四十度，但體感已近乎垂直落下。他咬緊牙關，拼命睜大雙眼。顛倒的海洋就像一片藍色的幔帳，在他的頭上延展開來。

目標在哪裡？軍艦在哪裡？佐佐木繼續推著操縱桿，卻捕捉不到軍艦的位置。痛苦、不安、焦躁的情緒不斷放大，他的速度已經從五百公里上升到五百五十公里，甚至飆破六百公里。全身的血液衝向了腦袋，似乎即將迸出體外。要是繼續加速下去，九九雙輕恐怕會直接解體——佐佐木一邊對抗壓力，一邊用緥緊的腦袋這麼想著。

下個瞬間，機艙裡突然變得很悶熱，眼前的擋風玻璃都起霧了。原來飛機已經接近海面，佐佐木下意識拉起頭上的頂蓋。擋風玻璃的霧氣瞬間消失，洶湧的波濤隨之映入眼簾。佐佐木反射性地拉起操縱桿，一陣劇烈的衝擊差點把他的身體甩出駕駛座，眼前的景色頓時從大海轉為天空。機翼快速地掠過海面，並逐漸遠離。

等佐佐木回過神來，才發現自己的呼吸變得很急促。他的胸口和肩膀上下起伏，握住操縱桿的手也抽筋了。機頭前方有一片斷斷續續的白雲，佐佐木心念一轉，決定躲到雲層裡面。現在高度是一千兩百公尺，佐佐木隱身在雲層中觀察海面，卻什麼也沒看到。他是從敵方的船頭切入的，艦隊肯定離他很遙遠了；他側過機身，確認自己剛才飛來的方向，卻怎麼也找不到那三艘船艦。

「田中曹長怎樣了？久保軍曹呢……」

他在空中沒看到任何跡象，假如兩架僚機命中敵方，應該會有黑煙飄升才對。可是，海面上一點痕跡也沒有。敵方船艦也沒有發動砲擊，他們應該沒被擊落才對。

佐佐木只能猜想，田中曹長八成是錯失了攻擊的時機，慢了大約幾秒鐘的時間。他把機身拉回水平，發現前方有翠綠的山脈，貌似是雷伊泰島。當時日軍的地面部隊，在這座島上見識到了地獄。

佐佐木迅速觀望四方，敵方戰機也差不多該從雷伊泰島的獨魯萬機場出動了。負責護衛的隼戰機不見蹤影，回過神來佐佐木已經在戰場上空孤身一人；既然如此，就只能趁敵人出動前盡快脫離這片空域。佐佐木拼命尋找目標，準備投落八百公斤的炸彈。他找到一艘有著四方型船頭的小船，顯然是運送部隊的登陸艦。佐佐木讓機身側滑，切入敵方船艦的軸線，但奇怪的是敵方的船艦竟然直線逃跑，沒有採取迴避動作。佐佐木趕緊改用左手握住操縱桿，右手抓住鋼索的把手。八百公斤的炸彈引信，會在投彈後的兩秒內引爆。

「就是現在！」佐佐木把操縱桿用力往前推，加裝三公尺犄角的九九雙輕機頭向下，整台機體宛如受到吸引一樣急速下降。時速五百公里所產生的壓力壓迫著佐佐木的身體，幾乎讓他的血液逆流。當飛機來到八百公尺的高度，佐佐木不假思索地拉動鋼索，瞬間失去重負的機體立刻受到一股向上彈升的衝擊。在這場最初的實戰中，佐佐木沒能等到高度降至五百公尺以下才投彈。他隨即拉起操縱桿，機翼從敵方船艦上方呼嘯而過。佐佐木在急速爬升的過程中回頭觀望後方，發現爆破的白色水花離船身尚有一段距離。

「糟了。」佐佐木忍不住大叫。機體持續急速攀升，九九雙輕已經沒有負重了。佐佐木背脊一涼，他心知要快點逃跑才行，否則會被擊中。看著前方斷斷續續的雲層，佐佐木直接躲了進去。

佐佐木計劃逃到民答那峨島，這裡是他事先想好的逃生地點，由於該地離雷伊泰島的美國空軍機場有一段距離，因此算是相對安全。當然，這個地點是岩本隊長告訴他的；佐佐木正是在那個雨天由岩本隊長配發的菲律賓地圖中得知此處。

佐佐木維持五百公尺的高度在海上飛行了一個小時左右，在沒有被美軍發現的情況下平安抵達民答那峨島的卡加延機場。

灌水的「戰果」

萬朵隊於一九四四年（昭和十九年）十一月十二日發動攻擊，當天下午馬尼拉的司令部便召集報社記者宣布戰果。報導是按照軍部發表的內容撰寫的，在送稿以前必須經過軍方審查，不能有任何違反官方意向的報導。根據司令部的說法，萬朵隊擊沈了一艘戰艦和運輸艦；田中曹長的一號機用自殺攻擊擊沈了運輸艦，而佐佐木的四號機則「以奔雷之勢撞向敵方戰艦，成功將之擊沈」。

負責掩護的戰機同時也是確認戰果的觀察機，然而用肉眼確認戰果的正確性一向不及用照片拍攝。戰鬥機不僅得和敵方交戰，還必須保護特攻機體，要一邊迴避敵方攻擊一邊確認特攻戰果可說是困難至極。事實上在開始採用特攻戰術以前，日軍於一九四四年十月的「臺灣空戰」中雖然回報擊沈或破壞了美軍的十九艘空母、四艘戰艦以及七艘巡洋艦，但實際上只有兩艘巡洋艦遭到嚴重破壞。在戰鬥中確認戰果已然不易，飛行員返回基地報告時卻還得面對上級認為「我方付出這麼多犧牲，戰果應該更加輝煌」所帶來的壓力，使得虛報的情況更加嚴重。只因為上頭的人覺得太難看的戰果對不起那些壯烈犧牲的英雄，自然而然便會用一種誘導性的訊問方式來不斷替戰果灌水。而軍部和國民都相信了這一切。

同樣的情況也發生在萬朵隊身上。報社記者依照大本營公布的內容寫下一篇振奮人心的報導，於兩天後刊登在國內各大報的頭版上：「萬朵隊踏上必死征途的那一天，正是風和日麗、碧波萬頃的好日子。萬朵隊的飛機在上午八點半過後，伴隨著震天巨響現身雷伊泰灣上方。」整篇文章與其說是新聞報導，不如說是演義或小說還更為貼切。當中甚至形容田中曹長撞擊的運輸艦「化作烈火紅蓮沈入海中」；佐佐木撞上的戰艦亦是「燃起熊熊大火，艦上兵員無不呼天搶地」。準確來說，記者這樣寫不單是軍部施壓的關係，而是因為寫得愈浮誇民眾愈愛看，換句話說是為了銷量。只要賣得好，他們就會不遺餘力地加油添醋，甚至互相較勁。下一批特攻隊，也就在報紙的推波助瀾下誕生了。

大本營在十三日下午兩點正式公布陸軍第一批特別攻擊隊的戰果。相較於海軍的第一批特別攻擊隊擊沈了空母，陸軍擊沈戰艦可說是不下於空母的戰績。軍部之所以選擇讓佐佐木而非田中曹長擔任擊沈戰艦的主角，也許與他的操縱技巧特別優秀有關，這樣一來才能讓擊沈戰艦一事顯得更有說服力。順帶一提，根據《美國海軍作戰年誌》的記載，雷伊泰灣當天的損害紀錄只有登陸艇修理艦艾加利亞、阿基里斯蒙因特攻受到損傷；從船身的形狀來看，也和佐佐木攻擊的艦型一致。但除此之外並沒有其他損害紀錄。

被抹消的存在

大本營宣布戰果後，一架機頭裝有三公尺長死亡犄角的九九雙輕出現在呂宋島的加洛坎機場上空。在飛機準備降落時，地勤士兵看出那是萬朵隊的飛機，各個嚇得拔腿狂奔。畢竟照理來說飛機上載有八百公斤的炸彈，要是降落的時候不小心撞到死亡犄角就會立刻引爆；等到九九雙輕順利降落，人們才一股腦地衝上去圍觀。當佐佐木打開駕駛座的頂蓋，從飛機裡現身之際，所有人發出一陣驚呼，似乎都不敢相信自己的眼睛。

佐佐木無法理解眾人的反應是怎麼一回事。他迫降到民答那峨島的卡加延機場時，就曾經拜託當地機場用無線電聯絡，但這裡的機場似乎沒收到。士兵們稱讚佐佐木幹得漂亮，他們全都相信大本營公布的戰果報告，以為佐佐木真的擊沈了一艘戰艦。面對激動的人群，佐佐木老實地表示不知道自己是不是真的有擊沈敵軍，接著把詳細情況告訴了萬朵隊的成員，當中也包括奧原伍長在內。奧原伍長低著頭說，他由於飛機引擎故障，所以中途就折返了；儘管佐佐木認為既然是飛機的引擎故障就沒必要放在心上，但奧原伍長還是很沒精神。

不久後，佐佐木接到第四航空軍的命令，要他明天前去匯報。石渡俊行軍曹一臉凝重地說，搞不好四航軍（第四航空軍）也慌了，因為四航軍已經向大本營報告佐佐木伍長光榮戰死，沒想到本人竟然活著回來了。負責通信的浜崎曹長警告佐佐木，明天去司令部肯定會受罰。

「我攻擊的應該是登陸艦沒錯。在我們出發的時候，富永閣下也說過沒必要對運輸船使用自殺攻擊，我會照實報告。」佐佐木冷靜地回答道。

不過，負責整備的村崎少尉擔心的，則是萬朵隊未經司令部許可擅自將九九雙輕改裝成可投彈的機體。他建議佐佐木，萬一司令部追究起這件事，就說改裝機體是岩本隊長的指示，不然載著八百公斤的炸彈返航太過危險。最後，村崎少尉以開朗的語氣對所有隊員說道：

「無論如何，佐佐木能活著回來真是太好了，今晚一起慶祝佐佐木的生還吧。」

萬朵隊的飛行員都有特別的伙食可以享用，但如今晚飯的人數多了佐佐木一人。其實從昨天晚上，伙食就已經沒有佐佐木的份了；浜崎曹長表示得聯絡伙房請他們特地準備才行。聽到這句話，佐佐木才深刻體會到自己的存在被抹消了。

而在鉾田，聽聞大本營廣播的新聞記者們紛紛跑去採訪岩本隊長的妻子。和子躲到客廳裡不願接受記者採訪，但有些沒禮貌的記者竟然還偷偷闖進庭院裡找她。同一天，岩本隊長在博多購買的人偶也送達了。和子看著如此掛念她的丈夫送來的最後的禮物，又哭成了淚人兒。

隔天十四日，佐佐木的故鄉石狩郡當別村在聽到大本營的廣播後一片譁然。村里立刻召開緊急會議，會上成員高呼三聲萬歲後默禱致意，並且決定設立「神鷲偉業紀念委員會」；村民們不惜搭乘雪橇、越過雪地，紛紛跑到佐佐木家弔唁。

這天，佐佐木前往第四航空軍匯報。參謀囑咐他，大本營公布的戰果已經上達天聽，他要謹記這份殊榮，在下一次攻擊的時候確實擊沈戰艦。所謂的上達天聽是指已經向天皇報告，絕對無法更改；如果報告虛偽不實，司令官就必須負起全責。參謀的言外之意，顯然是希望佐佐木識相一點。「下一次攻擊的時候務必擊沈戰艦」這句話真正的意思，其實就是要他與敵人同歸於盡。

第二次出擊

傍晚，上級倉促地下達翌日的特攻出擊命令。這一次的特攻人員，分別是石渡軍曹、近藤伍長、奧原伍長、佐佐木伍長四人。

十五日的上午四點，萬朵隊再次於營帳中集合。第四飛行師團的參謀長猿渡大佐質問佐佐木為什麼活著回來了，難道是怕死不成？佐佐木回答，他只是希望能重新發動攻擊，而不想白白浪費生命。

擔任隊長的石渡軍曹不擅長夜間飛行，在討論攻擊事宜的時候，石渡軍曹的表情僵硬，聲音也沙啞不清；近藤伍長同樣面容扭曲，似乎太過激動；奧原伍長則是一副心浮氣躁的模樣。這天晚上雖有朦朧的月光，但雲量偏多，並不適合夜間出擊。負責確認戰果的百式司偵起飛後，萬朵隊的四架轟炸機和提供直接掩護的八架隼戰機也隨後升空。儘管佐佐木駕駛著沒有防衛火力、裝有死亡犄角的飛機執行特攻任務，但他依然掩飾不住興奮的情緒——光是能在空中飛行，就讓他很感動了。

佐佐木在上空迴旋，卻始終找不到僚機。即便過了空中集合的指定時間，他還是沒看到奧原伍長的飛機，而前方石渡軍曹的一號機則是沒有等待後方的僚機，直接飛走了。佐佐木連忙追上，但等他衝入雲層再出來以後，卻遍尋不著紅色的翼燈和排氣管的藍白色火焰。佐佐木在空中一百八十度迴旋，此時黑暗的大地突然強光閃爍，光源來自一陣衝天大火，底下發生了大爆炸。佐佐木猜測可能是美軍的攻擊，趕緊警戒四周，然而他一邊迴旋一邊往下觀察，卻發現機場並沒有任何異狀。由於無法找到任何一架僚機，佐佐木只好放棄空中集合，選擇降落。過了一段時間，奧原伍長的飛機也平安降落，他表示自己一直在空中迴旋試圖與其他僚機會合，因為看到了爆炸才折回來的。同樣在空中迴旋的佐佐木對這個說法存疑，畢竟他並沒有看到奧原伍長的飛機。

在馬尼拉南邊墜落爆炸的，是近藤伍長的飛機。整架飛機被炸得支離破碎，連飛行員的屍體都不留痕跡；只有在附近的椰子樹上，找到一塊被火燒破的千人針[26]，上面繡著「近藤」的字樣。石渡軍曹的飛機和百式司偵最終並沒有回來，沒有人知道不等全隊空中集合、直線飛離機場上空的石渡軍曹的下落。

大本營原先接獲第四航空軍司令部的戰報，打算給佐佐木連升兩級，告慰他特攻戰死。直到第二次特攻失敗，司令部才不得不公開佐佐木生還的消息，取消辦理感狀(讚頌榮譽的文書)和連升兩級的手續。

那一天，佐佐木的故鄉當別村更加熱鬧了。和前一天相比，有更多的村民前往佐佐木家中弔唁。經歷過日俄戰爭的父親藤吉當年六十四歲，母親阿今六十歲。兩人穿著正式的和服迎接村民到來，就連石狩支廳長[27]也帶著部下前來慰問，這人可是該地區最高階的行政官員。藤吉豁達地說，自己的兒子生性倔強不肯聽勸，要是因為後悔加入軍旅跑回來哭訴的話，他一定會把兒子好好教訓一頓，但兒子從來沒有這麼做。

前來弔唁的人異口同聲地稱讚「友次幹了件大事」、「這下友次成了一個軍神」。然而，一直都反對兒子當飛行員的母親阿今等所有客人都離開以後，忍不住難過得哭了；比起成為軍神，她寧可希望自己的兒子活著回來。

自第二次出擊後又過了一個禮拜左右，佐佐木並沒有接到新的特攻命令。萬朶隊的飛行員若是扣掉因迫降住院治療的鵜澤軍曹和在空襲中受傷的社本忍軍曹，就只剩下佐佐木和奧原伍長了。另一方面在當別村，前去佐佐木家弔唁的人絡繹不絕，從車站通往佐佐木家的路上還設有路標指示「軍神之家」的所在。村民們甚至計劃編纂佐佐木友次的傳記以及設立忠靈堂，用來供奉他小時候穿戴過的帽子與和服；佐佐木唸過的小學的學生也三五成群地前往佐佐木家致敬，還在門前高唱〈海行兮〉[28]。

26 譯注：出征前由許多婦女用紅線在白布條上各縫一針所繡成的護身符，有眾人一同祈求將士平安的意味。
27 譯注：在偏遠地區設立的中央機關分部，過去北海道曾有十四個支廳。
28 譯注：即〈海行かば〉，為日本國民歌謠，於二戰時期成為日本軍歌。歌詞如下：「海行兮，願為水中浮屍；山行兮，願為草下腐屍。大君身邊死，義無反顧！」

奇襲

十一月二十四日，佐佐木接獲第三次特攻命令，要他明天出擊。萬朵隊這一次出擊，就只有奧原伍長和佐佐木兩架飛機。二十五日正午時分，蓄著大鬍子的猿渡參謀長疾言厲色地說，他們已經幫佐佐木辦理連升兩級的手續，也向天皇報告了他特攻戰死的消息；對一個軍人來說這可是最高榮譽，所以今天出擊務必要與敵人同歸於盡，絕對不能再活著回來。而後，提供直接掩護的飛行隊隊長作見一郎中尉詢問佐佐木要帶多少燃料出發，佐佐木表示能帶多少就盡量帶。接著作見隊長又問道，飛機是否有辦法投落炸彈，佐佐木便回答已經改裝成可以投落的機體了。作見隊長聽完後點了點頭。同為飛行員，特攻隊和掩護部隊的命運卻大不相同。掩護部隊的飛行員面對特攻隊的飛行員抱持著一種很複雜的心情；畢竟到了戰場上，他們必須拋下特攻隊，自己活著回來。這讓他們感到百般無奈。

「是說，這出擊時間真糟糕。挑在這麼危險的時間出擊，上面的人也太亂來了。」作見隊長仰望藍天說道。在白天飛往雷伊泰灣非常危險，遭遇空襲的風險也很高。

第三次出擊的送行宴結束後，佐佐木坐上操縱席。就在他啟動引擎檢查功能時，有人用力拍打上方頂蓋，整備員指著上空激動大叫。佐佐木抬頭一看，發現有一列飛機朝著機場飛來。他立刻關掉引擎，衝出飛機拔腿狂奔，奧原伍長也跑了起來。二人拼命逃跑，一邊目不轉睛地緊盯著頭上的飛機。眼看美軍的艦載機從一千公尺的高空投下了炸彈，佐佐木等人趕緊把身子滑進位在跑道旁的兵舍前方的壕溝裡。隨後就是一陣驚天動地的爆破，熱氣、震動、爆風朝佐佐木席捲而來，伴隨著沙石如同水流般傾瀉而下。美軍艦載機投完炸彈後，緊接著換格拉曼戰機發動攻勢，佐佐木和奧原伍長的九九雙輕以及提供掩護的戰機在砲擊下紛紛起火燃燒。佐佐木咬牙撐起身子，從跑道衝往宿舍的方向。空襲結束後，佐佐木經旁人提醒才發現自己臉上在流血；他原以為那是汗水，沒想到竟然是血。

一股怒火瞬時湧上佐佐木的心頭。在正午時分大剌剌地擺出飛機，會遭受空襲也是理所當然的。更何況在這麼危險的時段，參謀還悠閒地舉辦出擊的乾杯儀式，未免太過愚蠢了。回到宿舍後，佐佐木發現奧原伍長不在，甚至過了好一陣子之後還是沒看到人影。佐佐木回到跑道上尋找奧原伍長，發現土壤中伸出一隻穿著飛行服的蒼白手臂。他急忙挖出土裡的人，原來是早已死亡的奧原伍長。奧原伍長的胸口被炸彈的碎片轟開一個大洞，這個位置距離佐佐木躲避空襲的地方不過短短三公尺遠，卻決定了天人永隔的命運。佐佐木為此大受打擊，心中盡是難以承受的悲痛和孤獨。

軍神之家

同一天，當別村的小學舉辦了一場放映會，播放雷伊泰灣之戰的新聞影像。這天雖然下著大雪，但還是有許多人為了一睹家鄉軍神的身影，特地大老遠跑來觀賞；藤吉和阿今作為軍神的家人，還有特等席可以坐。影片播放到一半，擴音器突然傳來佐佐木友次還活著的消息。場內眾人頓時額手稱慶、歡聲雷動。

「可惜，佐佐木伍長錯失目標，只在霍蒙洪島西南方發現一艘運輸船艦。佐佐木伍長對運輸船艦施以低空轟炸後，於當天深夜返回基地。」

廣播還有下文，大意是說佐佐木伍長抱持平靜的心情，等待捨身殉國的最佳良機。在場鄉親聽得群情激動、熱烈拍手，前來採訪的記者馬上詢問藤吉作何感想。「我很遺憾那傢伙沒能擊沈戰艦，但我相信他下一次肯定會出色地達成自己的使命。」對此母親阿今則不發一語，不斷地擦拭眼淚。

單機出擊

十一月二十八日，距離空襲過了三天，頭上還包著繃帶的佐佐木接到了第四次出擊的命令。命令是一大早下達的，出發時間則是當天的上午十點，也就是說和第三次出擊時一樣，都是接近中午的時間點。這次接獲出擊命令的只有佐佐木一個人，上級沒有把他編入其他的特攻隊，而是命令他獨自出擊。加洛坎機場的將士都很同情佐佐木，許多人認為這根本是故意派他去送死。

佐佐木在本部觀察天氣圖，發現雷伊泰灣的雲層不少，並不適合出擊。氣象資訊也顯示當地正吹著東北信風，正式進入雨季，而這勢必會增加作戰的難度。佐佐木前往跑道旁的指揮所，猿渡參謀長已經在等他了。

「這次的掩護部隊一定會誘導你到敵方船艦上方，並確認你是否有執行捨身攻擊。這可是你表現的一大良機，切記務必要與敵人同歸於盡，可別辜負了萬朵隊的盛名。」

猿渡參謀長以沙啞的嗓音，語帶威脅地下達命令。特別到場的第四航空軍的佐藤勝雄作戰參謀接著說道。

「我們期待你用捨身攻擊的方式，取得擊沈敵艦的偉大戰果，而不是透過轟炸。佐佐木伍長，你可能以為只要能擊沈敵艦就好，但其實這是錯誤的觀念。正是因為用轟炸的方式難以擊沈敵艦，我們才要求你用捨身攻擊，以確保一擊即沈。關於這一點你似乎有些誤解，所以這一次的任務，還請你務必以捨身攻擊的方式取得戰果。」

佐佐木的事蹟既已上達天聽，讓他活著等於是自找麻煩。反正只要能在之後的任務中犧牲，就結果來說也不算欺君，佐佐木終究會被追封兩級。高層的意圖再明顯不過了。

「我認為擊沈敵人未必要犧牲自己。在死亡到來以前，我會不斷出擊轟炸敵人。」佐佐木回答。

一介伍長反駁大佐和中佐，這在軍隊裡是大忌，就算被送上軍事法庭也不足為奇。況且在軍隊裡得用「在下」自稱，但佐佐木卻用「我」來稱呼自己。這或許與他來自遞信省航空局的飛行員養成所而不是軍隊有關；每當他鼓起勇氣反抗的時候，總是會以養成所的飛行員自居，而非軍隊。

對此，猿渡參謀長神情嚴峻地答道。

「佐佐木伍長的想法我們了解，但軍隊有其責任歸屬，這次你非死不可。聽好了，盡量擊沈大一點的目標，出發前記得好好跟戰鬥部隊商量一下。」

佐佐木無法接受這種說法，他只說自己要出發了，便先行告退。

在六架掩護機的陪同下，佐佐木作為只有一人的特攻隊出發執行任務。儘管天氣圖上顯示雲層密布，但接近雷伊泰島的時候卻是一片晴朗，四周的積雨雲像一整面高牆一般不斷連綿。

雷伊泰灣就在前方了，飛在前頭的護衛隊隊長機擺動機翼，突然掉頭轉往回程的方向。佐佐木見狀以為敵人來襲，趕緊警戒周遭，然而到處都看不到美軍的飛機。既然隊長機改變了行進方向，其他僚機便一同迴旋跟進，佐佐木也只能不明究理地緊跟在後，畢竟他不可能在這種情況下獨自衝入雷伊泰灣的戰地。回到加洛坎機場以後，佐佐木請教掩護部隊的下士官，但他們也不清楚隊長折返的原因。直到後來佐佐木才知道，掩護隊的隊長很同情他的遭遇，所以故意飛到適當的地點中途折返，以免他白白送死；同時隊長也向猿渡參謀長報告，雷伊泰灣上空確實如氣象資訊所示雲層密布，因此他們沒能發現敵方船艦。

佐佐木的第四次出擊，就這樣結束了。

第五次出擊

十二月四日，第四次出擊的六天後，佐佐木接到第五次出擊命令。在這之前的十一月二十九日，美軍的B29轟炸機從馬里亞納基地出動，首次對東京發動夜間空襲。神田和日本橋等地，全都被燒夷彈炸成一片火海。另一方面在菲律賓，日軍不斷派遣特攻隊出擊；自從海軍的第一批特攻隊「敷島隊」於十月二十五日撞擊護航空母以來，陸軍和海軍已經陸續派出大和隊、菊水隊、富嶽隊等超過四十支特攻隊。

作為反制特攻的對策，美軍首先將空母上的俯衝轟炸機數量減少一半，並增加兩倍的艦上戰鬥機；此外還進行戰力重整，在空母前方六十海里處（約一百一十公里）配置雷達哨戒艦來防止特攻隊進犯。一旦透過雷達提早發現特攻隊接近，幾百架艦上戰鬥機就會做好迎擊準備，並通常分成三波進行，每一波大約出動一百架，以一定的間隔出動迎擊特攻機。由於特攻機體上載著沈重的炸彈，加上連迎擊的武器也沒有，因此只有僥倖穿越火網的特攻機才有辦法接近美軍船艦。

佐佐木第五次出擊的送行宴上，已經沒有酒菜給他享用了。猿渡參謀長也沒現身，改由年輕的參謀前來送上一串香蕉。

「這是富永司令閣下特別賜予佐佐木伍長的。閣下一直很掛念你的英勇奮戰，並抱有很高的期待。你就心懷感激地收下香蕉，用捨身攻擊的方式取得偉大戰果吧。」

下午三點，佐佐木再一次單機執行特攻任務，負責掩護他的只有兩架隼戰機。根據天氣圖，呂宋島到雷伊泰島一帶是晴朗的好天氣。佐佐木吃著香蕉，飛在四千公尺的高空；他對於能否轟炸到敵軍並沒有絲毫不安，而是比較擔心美軍戰機出現的時候，自己能否成功脫逃。

出發三小時以後，被夕陽照得火紅的天空慢慢從下方開始轉暗。前方可以看到雷伊泰灣的海面，在夕照下發出金屬般的光芒。佐佐木上升到五千公尺的高度，發現右下方的海面上有超過一百艘船艦。這時候，佐佐木注意到有小小的黑影逐漸逼近，顯然是美軍的戰鬥機編隊。眼看前方的掩護機隊長似乎還沒發現，佐佐木立刻脫離另外兩架掩護戰機的隊形，降低飛行高度。為了減輕重量逃過美軍追擊，他直接在海面上投落八百公斤的炸彈。佐佐木原本打算返回加洛坎，但一想到猿渡參謀長恐怖的表情便決定作罷。他在雷伊泰島上空往西邊飛去，朝內格羅斯島的方向行進，最後降落在巴科羅機場。

關於這個時期的佐佐木，《呂宋島死鬥　不為人知的戰場經驗》一書（友清高志著，講談社出版）中有提到相關的紀錄。那是作者在軍中擔任伍長的好友，載送大隊長前往馬尼拉空軍司令部時目擊到的情況。

佐佐木某一次出擊歸來，司令官握住軍刀的刀柄，惡狠狠地瞪著佐佐木。

「你就那麼怕死嗎，沒用的膽小鬼！」

「請容我一言，尋死不是軍人該做的事，帶給敵人更大的傷亡才是軍人的任務。」佐佐木冷靜地回答。

「蠢才！這根本是藉口，叫你去死就快點去死！」司令官氣得破口大罵。

「是，佐佐木伍長這就奉命去死！」

佐佐木大叫後離開現場。雖然書中記載怒罵佐佐木的是富永司令官，但應該是猿渡參謀長才對。

第六次出擊

當佐佐木抵達巴科羅機場，才知道將士們都在討論他生還的話題。巴科羅機場的弟兄很清楚空戰熾烈的程度，也明白飛往雷伊泰島有多麼危險，因此並沒有人譴責佐佐木。佐佐木雖沒有受到英雄待遇，卻也成了膾炙人口的人物。

佐佐木在巴科羅的宿舍休息時，接到第四航空軍的作戰參謀打來的電話。參謀說他既然平安迫降，就應該立刻返回馬尼拉。當時已是入夜時分，佐佐木表明希望隔天早上再動身；一方面是他現在沒有心情，另一方面是他真的已經疲憊不堪。佐佐木連續飛行了大約六個小時，這段期間不僅要維持編隊飛行，還得全神貫注警戒四周。在飛行時集中力渙散或不小心睡著，下場只有死路一條。一個人駕駛四人共乘的九九雙輕，就是這麼危險的事情。再者，飛行員必須在狹窄的機艙內長時間保持相同的姿勢。即便是對於喜歡翱翔天際的佐佐木來說，長時間飛行也依然十分磨耗身心。

深夜，上級派車來接他，將他載往附近的錫萊地區，這裡正是過去富永司令官離開馬尼拉時指揮作戰的場所。特攻隊的石腸隊和一宇隊剛好在錫萊的基地舉辦送行宴，兩隊的成員聊得相當起勁。佐佐木看著眼前熱鬧的光景，深深體會到自己已是孑然一身，沒有任何可以相互傾訴的伙伴了。

十二月五日早晨，佐佐木飛往馬尼拉。他得知美軍從昨晚開始在馬尼拉周邊發動空襲，警報至今尚未解除，因此飛行時特別戒備。佐佐木先在馬尼拉灣附近的盧邦島降落，試圖獲得更多情資，結果聽說馬尼拉正遭遇空襲。他於是先用過午餐等待空襲結束，之後才飛回加洛坎機場。佐佐木一下飛機，萬朵隊的村崎少尉就衝了過來；當他正想向少尉報告的時候，卻被少尉倉促地打斷。

「不用報告了，參謀叫你立刻出發，跟上特攻隊鐵心隊的軍偵（九九式襲擊機）[29]。」少尉一臉激動的表情。

「我才剛從內格羅斯回來，身體狀況也不太好，沒辦法執行空中勤務，請准予休息。」佐佐木今天已經飛了將近五個小時。

村崎少尉一臉為難，表示猿渡參謀長非常生氣，根本不可能接受這種要求。佐佐木認為九九式襲擊機才剛從日本本土過來，機體上還用鐵線固定著兩百五十公斤的炸彈，和自己駕駛的九九雙輕相比，這一款飛機不僅續航距離較短，速度也不夠快，根本飛不到雷伊泰；縱使能飛到目的地，也只會成為美軍的祭品而已。然而村崎少尉卻對他的主張置若罔聞。眼看和少尉談也沒用，佐佐木決定直接去找猿渡參謀長。

佐佐木毫無懼色地踏入第四飛行師團本部，留著大鬍子的猿渡參謀長用一種相當陰狠的眼神瞪著他。佐佐木報告完以後，表明自己疲勞過度需要休息，結果猿渡參謀長當場發飆。

「妄想！我絕對不准！你立刻跟著鐵心隊出發，目標是雷伊泰灣的敵方船艦，不管是哪一艘船都無所謂，找到了就給我撞上去。這次要是再敢回來，就要你好看！」

佐佐木默默聽著猿渡參謀長的訓斥，心想參謀長叫他隨便挑一艘船撞上去，其實就是無論如何都要他去死的意思。佐佐木聽得怒火中燒，但在軍隊裡是不准反駁上級的。佐佐木一回到機場，發現九九雙輕已經重新補給完燃料，機體上還搭載著五百公斤的炸彈。至今為止使用的八百公斤炸彈，機場裡已經沒有庫存了。

下午三點過後，佐佐木跟著鐵心隊的三架機體升空。這是他第六次出擊，由提供掩護的九架隼戰機飛在前方引導特攻隊。從馬尼拉飛到東海岸以後，攻擊隊伍保持在四五十公尺的高度低空飛行，以躲避美軍的雷達偵測。

傍晚時分，隊伍來到雷伊泰灣附近。負責掩護的戰鬥機編隊拉升飛行高度，佐佐木和其他特攻機也同樣跟進。等到抵達雷伊泰灣上空時，佐佐木在兩側看到無數的船影，左邊則有一艘特別大的船艦。鐵心隊的松井浩隊長隨即往該艘船艦的方向行進，佐佐木也尾隨其後，下定決心發動攻擊。不過，佐佐木的飛機馬上和大型船艦錯身而過；他傾斜機體朝左側迴

29 譯注：嚴格來講，九九式襲擊機與軍偵不太一樣。當初在研發襲擊機的時候，發現改變一部份的規格可以當成偵察機使用。亦稱九九式俯衝轟炸機。襲擊機是以超低空飛行的方式，對地面部隊發動奇襲的飛機，同樣也可以進行俯衝轟炸。只是由於講究低空運動性能的關係，所以載彈重量有較高的限制。

旋，等船艦出現在右側時採取攻擊態勢。當時高度為一千公尺，正當佐佐木來到與大型船艦平行的位置，後方突然傳來一陣爆炸。儘管沒有對機體本身造成損傷，但可以看到後方掠過一團發射砲彈時伴隨的黑煙，看來是美軍船艦射出的高射砲。佐佐木趕緊警戒四周，爆破的黑色煙霧再次朝機尾襲來，緊接著左右兩側也有黑煙竄出。轉眼間，高射砲的彈雨煙幕幾乎掩蓋了夕陽的光芒。近距離發生的爆破不斷撼動機體，令佐佐木感到背脊發涼。他改用左手操縱飛機，右手握住投彈鋼索。

高射砲擾亂了佐佐木的注意力，導致他忘記壓低機頭，飛機上升了五百公尺左右。目標船艦雖然位在飛機的飛行軸線上，但仍持續進行之字迴避。佐佐木傾斜機身，朝斜下方俯衝。當時高度一千五百公尺，角度六十度，時速四百五十公里；他持續推壓操縱桿，時速上升至五百公里，全身彷彿快被重力壓碎。目標船艦的身影逐漸清晰放大，幾乎就快要撞上了。就在雙方相差兩三百公尺的時候，佐佐木死命拉動鋼索投彈；與此同時，巨大的黑色船杆快速掠過他眼前。佐佐木貼著海面飛越目標的船舷，並以蛇行方式飛行，距離海面僅有十公尺。他回頭一看，大型船艦明顯傾斜了。

佐佐木就這樣飛往民答那峨島的卡加延機場。這裡是他第一次出擊時降落的機場，在抵達後佐佐木立刻向機場的大隊長報告，自己在雷伊泰灣擊沈了一艘大型船艦。他拜託電報班通知人在加洛坎的村崎少尉，卻只接到要他盡快回歸的答覆。

佐佐木這次再訪卡加延機場，臉上卻掛著疲憊的神情。機場的士兵熱情地歡迎佐佐木，大隊幹部還招待他吃大餐，宿舍的值班士兵也特地幫他準備鐵桶泡澡。佐佐木欣然入浴，赫然發現自己的耳朵聽不到了，擔心很可能是連日飛行的疲勞所致。他就這樣在卡加延機場的宿舍休息了兩天，而當地的士兵之所以花了兩天時間細心整修他駕駛的九九雙輕，或許也是為了讓佐佐木有充分休息的機會。

虛假的戰死報告

十二月八日，這天是第三次的太平洋戰爭開戰紀念日。終於恢復聽力的佐佐木在卡加延機場使用短波收音機，聆聽大本營在開戰紀念日公布的消息。消息指出，萬朵隊的一架特攻機在十二月五日以捨身攻擊的方式嚴重損毀一艘戰艦，抑或是大型巡洋艦。立下戰功的隊員，則是佐佐木和石渡軍曹。

佐佐木愈聽愈混亂，對他來說這是第二次的戰死宣告了。這一次他明明有從卡加延聯絡上級，而且上級也確實有回覆；此外，他對於公布的內容完全無法理解。廣播一邊宣稱「萬朵隊的一架特攻機」嚴重損毀敵方船艦，卻又加上石渡軍曹的名字，更何況石渡軍曹早在十一月十五日第二次出擊後就一直行蹤不明。負責整備工作的少尉也在一旁聽廣播，他認為十二月五日的攻擊留在今天公布，就是為了替開戰紀念日增添亮點，所以才會再次宣稱佐佐木伍長英勇犧牲來壯大聲勢。佐佐木感到憤慨不已，上次出擊他確實有命中敵軍，敵軍也被擊沈了才對，為什麼戰果會被篡改成嚴重損毀？況且，憑什麼他的戰果要分給石渡軍曹？佐佐木開始思考，既然大本營兩次宣布他戰死，那麼猿渡參謀長等人一定會派他參加更嚴苛的任務，讓他真的壯烈成仁。轉念及此，佐佐下定決心，絕不讓他們稱心如意。

十二月九日的朝日新聞版面，斗大的標題寫著「第三次出擊奏功，佐佐木伍長駕機衝撞敵方戰艦」，內容則描述萬朵隊的佐佐木友次伍長和石渡俊行軍曹單機怒破敵艦。看來這一次的出擊，被改寫成兩人駕駛一架飛機了。

大本營和報紙公布戰果後，佐佐木的故鄉再次群起沸騰。當別村又一次盛大地為佐佐木舉辦葬禮。

迫降

十二月九日下午四點，佐佐木飛離卡加延機場，準備返回加洛坎。機場士兵都來替他打氣送行，顯然所有人都認為以後再也沒機會看到佐佐木稚氣的臉龐。

佐佐木繞過內格羅斯島南部，避免直線飛行的風險。途中雨勢變大，當他飛到馬尼拉所在的呂宋島附近，也就是民都洛島一帶的時候，天氣變得相當惡劣，很難測定飛行航路。佐佐木時升時降地調整飛行高度，試圖穿過雨雲，突然發現下方看見的正是盧邦島。於是他調轉機頭往東北行進，此時天色已經逐漸轉暗。

雨勢愈下愈大導致視線不佳，佐佐木只得仰賴儀器飛行[30]。他在一片混亂的情況下貼著海面前行，好不容易才隱約看到一點馬尼拉市區的光線。佐佐木鬆了一口氣觀察燃料量表，發現上面亮起四個紅色警報燈。這代表燃料幾乎見底，頂多只能再飛十五到二十分鐘。加洛坎機場位在馬尼拉北邊，若知道明確位置，佐佐木就有辦法在時間內抵達；問題是，馬尼拉市區之外盡是一片漆黑，佐佐木在雨勢中持續迴旋，用飛機的前照燈打出降落燈號，卻沒得到

30 譯注：指純粹以機上導航設備進行飛航的技術。

任何疑似來自機場的回應。

佐佐木心想，這下除了迫降以外別無他法了。他在腦海中攤開馬尼拉到加洛坎一帶的地形圖，試圖從黑暗的陸地中比對出國道的位置。飛機逐漸接近黑暗中的電燈光源，佐佐木把速度控制在兩百到兩百二十公里，且沒有放下機輪。飛機在一瞬間越過燈光，地面則在前照燈的光暈中清楚浮現。佐佐木採取降落態勢，隨後迎來一陣劇烈的衝擊，飛機伴隨著巨大的聲響在地面上彈跳碰撞，最後失速滑行。佐佐木被震得失去意識，九九雙輕最終停了下來。等佐佐木恢復意識，四周盡是一片黑暗與寂靜。他不曉得自己究竟暈了多久，更開始害怕自己會被菲律賓游擊隊襲擊。據說日本兵一旦被菲律賓游擊隊抓到，都會被凌虐至死。

佐佐木爬出操縱席，躲在飛機的陰暗處觀察情況，好在身上沒受什麼傷，雨也停了，遠處閃爍著電燈的光芒，四周似乎是零星的田地。佐佐木順著光源跑去，途中不小心跌進水溝裡弄得渾身濕透。他不顧一切地繼續奔跑，最後躲到了房子的地板下。這裡搞不好是游擊隊的村落，附近傳來狗叫的聲音；對面房子有人打開窗戶，一個菲律賓人探出上半身，窗戶裡的光線照亮了佐佐木的身形。男子與佐佐木對上眼，那是一個體形高大、面相不善的菲律賓人，令佐佐木非常害怕，他身上沒有任何武器。男子大喊幾聲，揮手叫佐佐木過去，並將他帶往廣場。

廣場上有一位懂日語的年輕男子指引他前往一間燈火通明的房子，這裡掛著一塊用日文寫著「博卡韋村公所」的看板，但裡面沒有常駐的日本人或日軍，更值得慶幸的是也沒有危險的游擊隊。當晚佐佐木就借住在菲律賓人村長的家裡。該村落位於馬尼拉北邊，距離馬尼拉十五到十六公里遠。

「膽小鬼」

隔天，佐佐木搭乘馬車前往三公里外的日軍部隊駐紮地，請對方派車送他前往加洛坎機場。機場大隊長一看到佐佐木，露出相當驚訝的表情。卡加延機場有通知佐佐木出發的消息，但他一直沒有回來，大家都認為他肯定已經陣亡了。

佐佐木拜託村崎少尉回收迫降的飛機，少尉趕緊召集整備人員前往，佐佐木也一同搭乘卡車前往現場。迫降地點在田地之中，機頭直接插進土裡，尾翼就這樣倒豎在空中，兩邊的機翼則如同鳥類的屍骸一般朝左右散落。看著嚴重變形的操縱席前蓋，讓佐佐木不敢相信自己竟然能全身而退，同時也心有餘悸。畢竟夜間飛行時在機場以外的地方迫降，飛行員有十之八九都是重傷或死亡，但佐佐木卻只有輕微的跌打損傷而已。飛機接觸地面後滑行了三百多公尺才停下，由於田裡沒有稻子，加上土壤夠硬，飛機才得以順利停止。在暗夜大雨中平安無事迫降，簡直就是奇蹟。

佐佐木在看不見地面的情況下成功迫降也讓村崎少尉感到非常震驚。他半開玩笑地說，在那種情況下要是機內還有燃料的話，佐佐木就會直接火葬了。但字裡行間還是聽得出來，少尉十分佩服佐佐木的技術和勇氣。

佐佐木一回到加洛坎，就立刻接到司令部的傳喚。面對趕到司令部的佐佐木，猿渡參謀長劈頭就是一頓臭罵。

「你這膽小鬼！你竟然還有臉回來啊，我在你出發時是怎麼講的，你沒長記性啊！」

佐佐木只是默默凝視著參謀長。參謀長變得更加火大。

「雷伊泰灣有許多敵方戰艦，投完彈就給我馬上執行捨身攻擊，我在你出發前是這麼講的沒錯吧？你是光榮的特攻隊，如果只是投完彈就跑回來，這種事情不是特攻隊也辦得到。你這傢伙明明是特攻隊，卻死皮賴臉地跑回來，為什麼不去死一死啊！」

猿渡參謀長絲毫沒有提到佐佐木擊沈大型船艦的功績。

「然後，你竟然還逃到卡加延躲了兩三天！還以為這下終於肯回來了，結果連飛機都弄壞了。你是不是以為只要把飛機弄壞，就不用執行特攻任務？像你這種貪生怕死的小人，根本是特攻隊的恥辱！」

其他參謀也一直盯著佐佐木。佐佐木心中有千百個不甘，但還是抑制住悔恨的淚水與怒火，緩緩地說明自己是身體狀況不好，才會在卡加延休息幾天。

佐佐木話還沒說完，猿渡參謀長就不屑地罵道。

「別狡辯！往後叫你出擊，絕對不准回來，給我去死！」

佐佐木連反駁的機會也沒有。

離開司令部，佐佐木遇到了掩護部隊的飛行員，正是他向上級報告佐佐木已經和敵人同歸於盡了。他一見到佐佐木驚訝得說不出話來，不敢相信佐佐木還活著。經打聽之後佐佐木才發現，那個飛行員只有目睹到投彈的情形，但在確認大型船艦是發生爆炸還是沈沒以前，他就先行折返了。飛行員老實承認，當時他發現周圍沒有其他僚機，才會趕緊遠離戰區。佐佐木明白對方苦衷，但自己賭命換來的戰果沒能留下確切的觀察紀錄，實在令人嚥不下這口氣。

佐佐木回到宿舍，巧遇在鉾田機場就認識的津田少尉。津田少尉本來的任務是運送九九雙輕來菲律賓，不料一抵達當地就被迫加入特攻隊。津田少尉對此極為不滿，佐佐木表示自己的遭遇也差不了多少。接著津田少尉詢問佐佐木是不是真的擊沈戰艦了？佐佐木回答，他擊沈的並不是戰艦，但自認擊沈了兩艘船艦沒有錯。在萬般佩服之餘，津田少尉好奇地問道特攻隊怎麼有辦法活著回來？結果佐佐木毫不諱言地說，不要用自殺攻擊就行了。津田少尉看著佐佐木，臉上難掩訝異的神色。

「萬朵隊的五名將校，在出擊以前就戰死了。我替他們擊沈五人份的船艦以前，沒有打算去死。最後的第六艘船艦才是屬於我自己的，到時候又該怎麼做，我還不知道。」佐佐木說出這段話時，表情很認真。

「能夠擊沈船艦又保住性命，那是再好不過了。可是特攻隊不執行自殺攻擊，上面的一定很囉嗦吧。」津田少尉問了一句心裡話。

「被念是免不了的，反正有擊沈船艦他們也無話可說。」佐佐木討喜地瞇著眼睛露出微笑。這時候的他開始公然說出自己的想法，而不去在乎對方軍階有多大，也不管對方是不是報社記者。他這麼做彷彿是在宣告世人，就算要承受參謀的怒火和旁人的非議，他也絕不會用自殺攻擊浪費生命。

倒行逆施的作戰

一九四四年（昭和十九年）十二月十四日，距離迫降後過了五天，佐佐木接到了第七次出擊命令。這次將由九架百式重轟炸機以菊水隊的名義執行特攻任務，佐佐木則作為萬朵隊的唯一代表隨行出擊。

一聽到掩護部隊才三架戰機，佐佐木大呼不解。百式重轟炸機通稱「吞龍」，是專門用來轟炸的飛機，最高速度連五百公里都不到；相形之下迎擊的美軍艦載機，性能都大幅超越吞龍，例如F6F地獄貓戰機最高速度可達六百公里，P51野馬戰機的速度更超過七百公里。要是讓速度緩慢的大型重轟炸機只帶三架掩護機接近敵方空母，結果如何根本不言而喻。順帶一提，提供掩護的一式戰鬥機「隼」的最高速度也才五百五十公里左右。打從一開始，這就是一場不利的戰鬥。

「為什麼要派吞龍啊？」佐佐木以疑惑的表情看著村崎少尉，很顯然吞龍完全不適合執行特攻任務。

吞龍隸屬的第五飛行團團長名為小川小二郎，這人也是反對特攻的將領。他請求上級恢復吞龍本來的用途，讓吞龍在轟炸任務上好好表現。然而第四航空軍的富永司令官，責成他全力編成特攻部隊。儘管小川團長多次抗命，最後還是無法拒絕派遣吞龍執行特攻任務。他告訴菊水隊的隊員，萬朵隊的佐佐木伍長也會陪他們一同前往，並表示自己認為佐佐木的做法才是正確的。

「抱著執行特攻的覺悟出擊，擊沈船艦後保住性命回來，這是很了不起的事情。萬一戰況不利就折返，日後再出擊就好。我相信佐佐木的做法，才是特攻隊的最佳典範。」

上午七點，佐佐木一如往常熟練地進行操作，在跑道上滑行。突然間機身劇烈震動，機尾開始左右搖擺。他發現尾輪沒有固定好，趕緊踩下踏板，試圖移動方向舵。然而飛機一下子就衝出跑道，飛進了一旁的野地。這雖然是整備人員的疏失，但佐佐木還是第一次起飛失敗。整備人員趕來的時候，九架吞龍已經發出轟然巨響，在空中大幅度迴旋，代表他們正等著佐佐木前來集合。佐佐木只能抬頭揮手示意，卻莫可奈何。

過了一會，吞龍往南邊飛去。後來菊水隊發出「與敵方戰機交戰中」的無線電後，就完全失去了音訊。由於無線電的內容並非「發現目標」，這也許意味著他們在抵達目標船艦之前，就已經被迎擊的戰機擊落了。

失去部下的小川團長，曾在自己的《所感錄》中質疑特攻戰術的正當性。他認為這純粹是用「壯烈」、「名譽」、「責任感」、「使命感」來自我滿足而已。對於指揮官和參謀來說，特攻或許是很痛快的壯舉，但這麼做一點也不科學，也沒有發揮組織該有的機能，令人懷疑這樣打仗究竟有何意義。他更痛批，那些司令官應該感到慚愧才對。

此外小川團長還提到，盟軍在民都洛島設立機場是可預期之事，倘若菊水隊的九架吞龍尚在，至少可以拖延敵方設置機場三到四天，用於特攻實在是大錯特錯。四航軍使用特攻的方式，就好像小孩子打水潑在敵人臉上，還拍手叫好一樣。

第八次出擊

隔天十五日，佐佐木在晚上接到第八次出擊命令，這次上級要他和旭光隊一起出擊。十六日早晨，上級命令佐佐木往西迂迴，飛向民都洛島的聖荷西地區；另外兩架旭光隊的飛機則是由東邊繞往聖荷西。單獨出擊的佐佐木連一架隨行的護衛機也沒有，這下別說掩護了，連確認戰果都辦不到。司令部的安排令佐佐木大為光火，被視為「神鷲」的崇高特攻隊，如今連人生的最後關頭都無人見證。

猿渡參謀長也沒現身，負責整備的村崎少尉拍拍他的肩膀說道。

「佐佐木，今天尾輪有確實固定了，放心去吧。」

飛了大約一小時，佐佐木來到民都洛島上空附近。天色已然轉亮，獨自飛在遼闊的天空下帶來一股強烈的孤獨感。佐佐木沿著山脈的起伏飛行，終於看到島嶼的南岸。山麓沿著海岸傾斜，有些地方似乎發生過坍方。其周邊的海域聚集著小小的黑點，顯然那裡正是美軍的登陸地點，無數的黑點代表著登陸用的輸送船隊和船艦。

美軍還沒有發現日軍飛機接近。但再過不久，想必登陸點的陸面和海面就會噴射出壓倒性的大量砲火，宛如煙火連發一般造成漫天硝煙。衝入火網中固然可怕，此刻的佐佐木卻只有一種空虛又可笑的心情；強烈的孤獨感籠罩著佐佐木，即便他賭命衝入戰場發動攻擊，也不會有友軍看到他的努力，沒有人能替他見證人生中的最後一刻。單機衝入兩百艘船隊之中究竟有何意義？

佐佐木調轉機頭，決定在被敵軍戰鬥機發現前折返。

第九次出擊

兩天後，佐佐木在十二月十八日接到第九次出擊命令。富永司令官在跑道旁邊對出發的特攻隊揮舞日本刀，喝令他們勇往直前。一架九九雙輕在跑道上飄忽地蛇行，接著衝向了富永司令官和後方的送行隊列。現場亂成一團，富永司令官也拔腿狂奔。十幾分鐘後，駕駛該架九九雙輕的年輕軍曹被富永司令官罵得狗血淋頭，斥責他說特攻隊成員不該貪生怕死。遭到痛罵的隊員面色如土，臉頰肌肉不斷抽搐，看他似乎有話想說，卻欲言又止。

「快點去做準備！」富永司令官命令他再次出發。

年輕軍曹敬禮後，轉身跑向飛機。他和整備士兵講完話，又跑回來對富永司令官敬禮。

他沈默了一會，終於扯開嗓子大喊。

「田中軍曹，現在就出發執行自殺攻擊。」

富永司令官繃著一張臉，不發一語。

佐佐木出發時，富永司令官走過來叫了一聲他的名字。

聽到司令官的呼喚，佐佐木打開駕駛座頂蓋。富永司令官拔出日本刀，用日本刀指著佐佐木大叫。

「佐佐木，加油。佐佐木，加油。」富永司令官還舉著日本刀在頭上揮舞。

佐佐木敬禮後，便出發了。

他在馬尼拉上空往南飛的時候，聽出飛機有異常的運轉聲。顯示空氣和燃料混合比例的其中一個計數器有問題，認為繼續飛行會有危險的佐佐木於是在出發四十分鐘後掉頭返回加洛坎機場。他發現機場一個人也沒有，就先向機場大隊長報告了飛行事故，並在回到宿舍後突然身體不適發起高燒。在宿舍休息時，鵜澤軍曹也現身了；之前鵜澤軍曹因為在林加延海岸迫降時燒傷被送往野戰醫院治療，現在終於出院歸來。

十二月二十日，萬朵隊再次接到出擊命令。可是，佐佐木一直高燒不退，這次萬朵隊只有鵜澤軍曹一人出擊。佐佐木全身疲軟無力，連走路都搖搖晃晃，但他還是堅持要替鵜澤軍曹送行。

「我雖然在醫院躺了一段時間，技術可沒退步啊。」鵜澤軍曹開了個玩笑，笑容卻沒有一絲活力。

鵜澤軍曹曾經弄壞特攻機體，甚至在出擊時蓄意迫降。然而到了這個地步，他似乎失去了活下去的力氣。

「軍曹大人，你沒必要尋死。懷抱著信念，一定有辦法活著回來。」佐佐木以其他人聽不到的音量，對鵜澤軍曹悄聲說道。

鵜澤軍曹的眼神一瞬間恢復了生氣，他神采奕奕地說自己忘記帶一樣東西，說完就跑走了。等他回來時，腰上掛著一把手槍。如果他要發動自殺攻擊，根本沒必要帶槍；帶槍是為了在迫降以後保護自己不被菲律賓游擊隊攻擊用的。換言之，這是保命的必需品。

鵜澤軍曹跟著兩架若櫻隊的飛機出擊，掩護他們的戰機就只有一架而已。區區一架戰機根本不可能發揮掩護的作用，光是能確認到特攻隊的戰果就要偷笑了。話雖如此，一架戰機要獨自面對幾百架美軍戰機甚至活著回來傳達戰果，可能性幾乎是零。

替鵜澤軍曹送行後，佐佐木感覺全身上下酸痛無力，於是倒頭就睡。後來的事情佐佐木記得不太清楚，但那一天他剛入睡，上級又對他下達了出擊命令。

若櫻隊的池田伍長，曾把當時自己的所見所聞寫在手帳裡。

> 我們每天都去佐佐木伍長的房間找他談話。他幾度出擊，還立下戰功活著回來，我們曾經多次批評他的做法，他卻不以為意地說，我們特攻隊早就是將死的軍神了，何必急著赴死呢？活著才有機會再次出擊，盡忠報國。

有一天，佐佐木伍長染上瘧疾，體溫燒到四十度，上級在他休息時下達了出擊命令。前來傳達命令的四航軍將校明明就知道他臥病在床，還故意用很難聽的話罵他，說他裝病。佐佐木伍長說，原來軍神活著是一種罪過，說完還露出很寂寞的笑容。

看著佐佐木被將校羞辱的光景，池田伍長也記錄下了當時的心情。

當時我們還年輕，那個光景帶給我們極大的震撼，深深烙印在我們心裡。我想我一輩子都不會忘記那時候發生的事情。當下，我擺脫了特攻隊這三個字的重負，決定要奮戰到生命的最後一刻。拋下了死亡的煩惱後，我反而能用一種坦蕩的心情面對一切。

池田伍長在隔天二十一日出擊後活著回來，沒有發動自殺攻擊。至於鵜澤軍曹則成了不歸之人，最後發生什麼事亦無人知曉。很可能他還沒來得及放棄特攻，就被美軍戰鬥機擊落了。

瘧疾之苦

十二月二十二日，佐佐木的瘧疾症狀反覆發作。首先是全身感到惡寒、不斷發抖，這種症狀持續一到兩小時後，又會發高燒到四十度左右；再來進入盜汗的狀態，最長會持續五個小時，活像個落湯雞。大量排汗會導致體溫下降，等於症狀發作要經過十小時左右，才會恢復至平均體溫。接著，全身又會開始不停地發抖。

村崎少尉把佐佐木移出宿舍，帶到醫務室接受治療。這裡是日軍接收機場附近的民宅改裝而成的野戰醫院，有兩名軍醫負責執勤。他們都知道佐佐木的事蹟，也對他相當友善。這些醫生是被徵召入伍的，早有在社會上打滾的經驗。而在他們眼中，司令部派將士赴死的作為實在荒謬至極。

二十三日，佐佐木依舊苦於瘧疾的寒熱症狀，軍部對全軍通告他的功績，表揚他在十二月五日的「捨身攻擊」行動。佐佐木的戰功上達天聽，陸軍省也透過報紙和廣播告知全國人民。

二十四日，在二樓靜養的佐佐木聽到有人爭執的聲音，似乎是從樓下的軍醫室傳來的。過了一會，正城軍醫前來探望，告訴他參謀又來命令佐佐木出擊，並笑著說自己向參謀表明病人根本派不上用場。

「參謀說你故意裝病，我就叫他上來二樓瞧瞧。反正參謀也不管那麼多，只要能派你出擊就好，所以他一定會再來的。下次參謀來看你，你可要裝得痛苦一點，多唉幾聲啊。」軍醫的體貼讓佐佐木寬心不少，但瘧疾的發作依舊沒有減緩。

二十五日，在佐佐木的故鄉當別村，有將近五百人造訪他的老家弔唁。而他以前就讀的母校操場上，有一群小朋友朗讀作文，表明自己決心追隨神鷲的步伐，所有人都在讚揚「神鷲友次」的功勳。孩子們在集會上發誓要勤勉向學、認真鍛鍊，以便成為下一個友次，繼承神鷲英魂。

雷伊泰島戰役大敗

十二月二十五日，在佐佐木深受瘧疾的寒熱所苦，故鄉召開盛大的紀念活動的這一天，雷伊泰島上的日軍也結束了組織性的戰鬥行為。指揮雷伊泰島戰役的第十四方面軍最後下達了「自活自戰，永久抗爭」的命令，意思是要部隊自己想辦法調度食物和武器作戰，說實話根本連命令都稱不上。但既然日軍沒有「投降」的概念，或許也只能這麼說了。

隔天（美國時間的二十五日），美軍宣布自十月二十日登陸以來為期兩個月的雷伊泰島戰役已經結束。這是好大喜功的麥克阿瑟元帥，送給美國人民的一份聖誕禮物。

被派往雷伊泰島的日軍將士，有九成六的人葬身異地。

十二月十五日，馬尼拉以南一百二十公里的民都洛島，被美軍登陸壓制。

眼看美軍要登陸呂宋島，也只是時間問題了。

處刑飛行

在一片恍惚中，患病的佐佐木雖然不太記得詳細的日期，但差不多是在這個時候，他發現自己旁邊的病床躺了一個新來的患者。對方的瘧疾和腹瀉症狀甚至比佐佐木更嚴重。到了晚上等到那位患者睡著以後，發出的怪異聲音讓佐佐木嚇了一跳。那與其說是因為生病，更像是被惡夢纏身發出的呻吟。

隔天，患者問佐佐木叫什麼名字，佐佐木便自我介紹。對方凝視佐佐木，表明自己聽過佐佐木的事蹟，並說自己也隸屬特攻隊，是靖國隊的出丸中尉，感覺他是遇到佐佐木才願意開口的。出丸中尉的面容狹長，看上去消瘦憔悴。佐佐木雖然以前接觸過靖國隊，但當時只和下士官談過話而已。

出丸一男中尉在十一月二十六日，以靖國隊隊長的身份從內格羅斯島的錫萊機場出發執行特攻任務。那是他第二次出擊，後來迫降於馬斯巴特島。之後他前往呂宋島，花了大約兩個禮拜的時間，才回到遠在四百公里外的馬尼拉。

佐佐木不曉得靖國隊的遭遇，所以好奇地詢問靖國隊的駐點。出丸中尉閉起眼睛沈默了一會。

「我也是出擊後又折返的人，但我是特攻隊隊長，非死不可。」

佐佐木談起了自己的想法，他認為特攻隊沒必要急著送死，也不必遵從荒唐的命令浪費生命。就算是那些高官，應該也不會遵從那種命令赴死。

「是啊，站在飛行員的角度，有些事我們真的辦不到。上級卻說因為我們是特攻隊，所以一定要去做，這太強人所難了。」

出丸中尉答話的神情充滿痛苦，他並非在抗議，而是對自己沒死成感到絕望。

二十六日，出丸中尉的靖國隊獲頒感狀，陸軍省宣布他們的功績已經上達天聽。出丸中尉和佐佐木一樣，都被當成戰死者昭告天下。上報天皇的內容無法更正，這是軍中不可撼動的規則。

佐佐木和出丸中尉躺了好幾天，兩人因為瘧疾而發起的高燒已經消退，但因為高燒持續了好一段時間，體力還沒有恢復。佐佐木從前來探病的村崎少尉那邊得知美軍可能襲擊馬尼拉的傳聞；村崎少尉猜測，各航空部隊也會與地面部隊一樣轉往北邊的山岳地帶，搭乘飛機逃往臺灣。佐佐木擔心，到時候猿渡參謀長不會帶他一起逃跑，而村崎少尉也有同樣的疑慮。畢竟佐佐木已經算是戰死之人了。

某一次佐佐木出擊生還，猿渡參謀長便曾對他大吼道：「給我記好，你已經跟戰死沒兩樣了，從今往後只有吃剩飯的份！」這等於是在罵他死人沒飯可吃，要吃就去吃廚餘的意思。村崎少尉和佐佐木都認為，猿渡參謀長會趁這個機會借刀殺人。

十二月三十一日歲末之際，師團參謀踩著粗重的步伐拜訪野戰醫院。另一位影山軍醫追在後方，試圖阻止參謀入內。

「出丸中尉還不能行動啊。」

參謀不顧軍醫阻止，直接站到出丸中尉的病床旁邊，命令他立刻出擊。出丸中尉躺在床上不說話，他的臉上爬滿鬍渣，看上去更顯憔悴。

參謀突然伸手抓住出丸中尉的領子，一把將他揪起來。

「出丸中尉，立刻給我去機場！」

出丸中尉瞪著參謀，躺在一旁的佐佐木則不由得屏住呼吸，深怕自己也會接到出擊命令。

這時候，出丸中尉大叫。

「好，我就死給你看！」

那是一種激動又哽咽的聲音。出丸中尉站起身來，下盤卻虛浮無力。

參謀冷冷地看著出丸中尉換上飛行服，影山軍醫也無能為力，默默地站在一旁。對於佐佐木，參謀倒是一句話也沒說。

整裝完畢後，出丸中尉臨行前望向佐佐木，臉上盡是猙獰扭曲的神色。

「佐佐木，我走了。」

出丸中尉踩著搖晃的腳步離開病房，參謀還在後面催促他快一點。二人的軍靴聲漸行漸遠，影山軍醫這才開口說道。

「真可憐，何必硬要他死呢。」

過一陣子，機場傳來飛機運轉的聲響。佐佐木勉強地走到窗邊，看著跑道的方向。一架隼戰機直行起飛，沒有任何掩護的飛機或其他特攻機隨行，更沒有什麼空中集合，出丸中尉獨自被送上天空。

佐佐木心想，這連特攻飛行都稱不上，而是處刑飛行。

無能的領袖

一九四五年（昭和二十年）一月一日，佐佐木終於有辦法下床行走了。他與兩位軍醫還有衛生下士官一起享用年糕湯和年菜，顯然軍醫沒再把他當作病人，但也沒有讓他出院。隨著新的一年到來，空襲也愈演愈烈；美軍的大型艦隊逼近呂宋島，總數將近七百艘，其中包括二十艘以上的空母，以及各式戰艦、運輸艦、登陸艦等等。整個艦隊據說在海上綿延數百公里。

一月六日，美軍艦隊進入馬尼拉西北方的林加延海灣，展開猛烈的艦砲射擊，眼看就要登陸了。這個消息也傳進了人在加洛坎醫務室的佐佐木耳裡，他猜想既然連出丸中尉都被迫出擊，下一個就該輪到自己了。或許參謀也會前來揪住自己的領子，強迫他搭上飛機出擊。就算真是如此，大不了就是去轟炸敵軍再活著回來就好。然而，聽到美軍艦隊龐大的陣仗，佐佐木的心情變得很沈重；衝進如此巨大的艦隊之中，肯定會被擊落。但兩名軍醫也無法一直護著他，出擊只是時間問題罷了。

一月七日，富永司令官率領的第四航空軍宣布從即日起將司令部轉移到馬尼拉以北三百公里處的埃查格地區。富永司令官本來主張死守馬尼拉，最後甚至要求拿著竹槍發動突擊。如今第四航空軍司令部已經沒有足夠的火器了，儘管參謀力諫撤出馬尼拉，富永司令官卻死也不肯同意。死守到最後發動突擊，這是步兵的思維，可見富永司令官直到最後一刻還是對航空戰一無所知。除此之外，富永司令官的精神不穩定，也導致朝令夕改的情況不斷發生。他動不動就對部下大吼大叫，或是拿鞭子抽人；部下反對他派遣「吞龍」等不適合特攻的飛機，他依然不顧一切地下令出擊；甚至還曾因為抱怨汽車通行聲太吵，下令封鎖宿舍前方的重要道路。就連宿舍周圍的鳥叫聲都讓他抓狂，竟為此召集士兵叫他們把鳥兒全部一網打盡。他只有對新聞記者還是保持良好的態度。

富永司令官曾說自己健康出了問題，整天龜縮在宿舍不肯出來，於十二月三十日表明辭去司令官的意願。這讓第四航空軍的參謀們都傻眼了，但南方軍總司令官不同意他卸任。期間，富永司令官找了三位年輕女護士輪流照顧自己，並安排專門幫他按摩的准尉；每天食用的飯菜也非常豪華，根本不是戰地裡該有的伙食。

就在美軍即將登陸的時候，富永司令官又突然同意轉移司令部。由於事出突然，大家完全沒有做好準備，第四航空軍陷入混亂的局面，各部隊之間也無法取得聯繫。至於富永司令官則是命人在汽車後座鋪上棉被，帶著三位護士和照顧他的准尉，舒舒服服地躺著離開馬尼拉。

美軍登陸

由於加洛坎的日軍即將全面撤退，影山軍醫要佐佐木回到自己的部隊。當時萬朵隊還剩下十一人，但飛行員就只剩佐佐木，以及在十一月三日的空襲中受傷尚未出院的社本軍曹。

包含村崎少尉在內，整備隊全員和軍醫將會隨著機場大隊轉進山區。按計畫，部隊會從山區直搗美軍。不過，只有佐佐木接到前往呂宋北部的命令，上頭似乎是想將所有的飛行員集中於當地，以便執行今後的航空作戰。如今在加洛坎機場，已經連一架飛機也沒有了。

佐佐木告別了軍醫，還有萬朵隊的整備和通信員，變成孤伶伶地一個人。他搭上機場大隊派出的卡車，離開加洛坎後進入國道五號線。路上被人車擠得水洩不通，全都是往北逃離馬尼拉的日軍和平民。埃查格就位在沿著國道北上的地區。

一月九日，美軍開始登陸。

一月十日，富永司令官抵達埃查格。

埃查格有數百名飛行員在等待從臺灣來的飛機。機場周圍還聚集著好幾百名希望逃離菲律賓的日本平民，想看看能不能找到一個合適的理由僥倖搭上飛機。

到了十六日，發生了一起令人難以置信的事情。這件事想必會永遠留在亞洲・太平洋戰爭的史冊之中。

司令官逃亡

富永司令官竟然率先從埃查格南方機場逃往臺灣，同行的只有幫他按摩和照顧生活起居的准尉而已。當日復一日待在機場等待臺灣來的飛機的報社記者看到富永司令官時，富永司令官卻忝不知恥地說自己是受命前往臺灣出差。某個記者曾寫道，他們當時沒有懷疑富永司令官的說法，也實在是太天真了。畢竟身為第四航空軍的最高司令官，怎麼可能在這個時期孤身前往臺灣，還不帶上任何一位參謀？

戰後富永司令官辯稱，自己真的有接到電報命令。但事實上他說的電報內容混淆不清，文字根本無法辨識。想當然爾，大本營和南方軍並沒有派他出差，然而富永司令官還是堅稱有此命令，強迫部下替他準備飛機。某些參謀事前就發現他有意單獨逃亡，卻沒有人出言阻止；因為要是連司令官都逃往臺灣，那麼他們身為部下也就能名正言順地逃離菲律賓了。不過，逃亡當天的天候惡劣，飛機無法飛越巴士海峽，只好折回埃查格以北的土格加勞機場。直到隔天，在富永司令官的要求下又多追加了兩架護衛用的隼戰機，動身逃往臺灣。

對此土格加勞的將士們氣到渾身發抖，當時機場已經欠缺燃料，派機都要經過嚴格的控管，但富永司令官卻完全無視管制。而且命令特攻隊出擊時明明連護衛機和確認戰果的飛機都不派，自己要逃亡的時候竟然派出四架隼戰機負責護衛。

幫富永司令官整備飛機的下士官不屑地罵道。

「這種無恥賊人竟然是軍隊司令。反正司令官都逃了，那我們也去臺灣啊。下次在臺灣看到富永，一定要把他給砍了。」

在特攻隊的成員面前，酷愛排場的富永司令官每次都一定會說，自己總有一天也會搭機發動特攻，絕對不會只派他們去死。

「軍神」必須死

一月二十三日，陸軍省宣布佐佐木和其他幾名戰死的特攻隊員獲頒感狀，壯烈犧牲的功績上達天聽。這是天皇第二次聽到佐佐木虛假的戰死報告，此等欺君之事前所未有，軍部已經不被容許再對天皇說謊了。

二十四日，佐佐木好不容易抵達埃查格。他這一路上走走停停，不時遭遇空襲阻撓，還得小心躲避游擊隊，伺機尋找其他汽車代步。佐佐木立刻前往第四飛行師團的司令部，發現猿渡參謀長也在那裡。參謀長凶神惡煞地瞪著佐佐木。

「佐佐木，你還沒死啊？」

「是的，在下還活著。」佐佐木直視著參謀長的眼睛答話。

「加洛坎的軍醫說，你身患重病幾乎要沒命了，難道是在裝病嗎？」

「在下確實罹患瘧疾在醫院養病。」

「我一直跟你說，你這傢伙非死不可。結果，你不聽我的話，還大搖大擺來到這裡。像你這種貨色根本是我們師團的恥辱。我已經懶得管你了，你自己看著辦吧。」

佐佐木不悅地離開房間，他是因為接到前往埃查格的命令，才一路冒著危險躲避空襲和游擊隊來到這裡。他不明白，自己為何會是師團的恥辱？

二十五日，佐佐木的母親阿今前往札幌市，接受大日本國防婦人會的表揚。阿今身形嬌小，身高不到一百五十公分，腰已經挺不直了。表揚過後，記者包圍阿今，詢問他對自己兒子成為軍神有何看法。

「不論他死得再怎麼壯烈，我都是痛哭過後，等心情平復下來才會感到欣慰。他戰死的消息第一次公布的那天晚上，來弔唁的人都離開之後，我一個人在佛壇前看著友次的照片，感覺好像他還活著會對我說話一樣。我哭得像個孩子，對他微微一笑，總覺得他的照片似乎也在對我笑。」

那一年冬天，北海道下的雪比往年更多。

佐佐木與其他飛行員一起留宿在埃查格的地區司令部，這裡同樣擠滿了想逃到臺灣的軍人和平民，動不動就引發殺氣騰騰的紛爭。地區司令部的人告訴佐佐木，土格加勞有前往臺灣的飛機，雖然飛行員有資格優先登機，但需要出示搭乘證明。

這意味著佐佐木得向第四飛行師團領取證明才行。他前往師團司令部詢問承辦人員，對方表示佐佐木是飛行員沒錯，但沒辦法開立證明給他。

「為什麼只有我拿不到證明？」

「佐佐木伍長你已經戰死了，我沒辦法開證明給戰死者啊。」承辦的曹長有些困惑地說。

即便佐佐木對於大多數的不公平待遇已經習以為常，這句話還是讓他的心情備感沉重。自己明明還活著卻被當成死人，連搭機去臺灣都做不到。

作家大岡昇平的《雷伊泰戰記》（中央公論新社出版）一書中，有一段關於佐佐木的描述。書中先是說明萬朵隊在十二月四日的特攻行動，之後寫道：

那時候，飛行員佐佐木友次伍長以非自殺攻擊的方式轟炸目標，之後降落在民答那峨島的機場。他在特攻隊中特立獨行，對自己的轟炸技術極有信心，只求以轟炸方式獲得與特攻同等的戰果。他秉持著這種獨特的信念，投下炸彈後活著歸來。

有上級主張懲處佐佐木伍長，富永司令官經過斟酌，決定當天派他再次出擊。然而佐佐木伍長依舊生還，後來多次出擊也同樣倖存。據說，兩個月後在埃查格機場，有人看到他在前往臺灣的隊伍裡排隊。

這是一部傑出的戰爭文學作品，以冷峻的筆觸描寫戰爭的殘酷和高層的愚昧。只是行文用字間，似乎對佐佐木「生還」一事頗有批判的味道，不曉得是不是只有我這麼認為？

所謂「富永司令官經過斟酌」應屬子虛烏有。了解內情的人都知道，對於佐佐木只可能下達「處刑飛行」，而非單純的「懲處」。畢竟軍神的功績已經上達天聽，事到如今是不可能施以懲處的。另外，佐佐木並沒有在前往臺灣的隊伍裡。在大岡先生的認知中，佐佐木大概是一個拒絕犧牲自我，還想找機會逃離菲律賓的特攻隊員吧。然而，真相並非如此。

既然司令部拒絕開立證明，佐佐木也沒事可做。就算猿渡參謀長再怎麼想害死佐佐木，埃查格地區卻連一架堪用的九九雙輕都沒有。對於猿渡參謀長不肯開立證明這件事，比起憤怒，佐佐木只覺得荒謬可笑。當時，飛行員會優先送往臺灣；隨著戰況惡化，飛行員的耗損嚴重，來不及培養補充的戰力，導致飛行員的素質不斷下滑。像佐佐木這樣的人才，更應該優先搭機返送，用於實戰或人員教育才對。然而，上級卻反其道而行，未免太荒謬愚蠢了。

無法前往臺灣的佐佐木，只好獨自留在呂宋島。他身邊沒有一起作戰的部隊，更沒有像樣的武器可用。一旦美軍進攻，下場就只有死路一條。

全軍特攻

一九四五年（昭和二十年）三月中旬，軍中組織了「臨時集成飛行隊」。由富永中將擔任司令官的第四航空軍已然解體，旗下的第四飛行師團於是召集了菲律賓殘存的航空軍力。其中一支集成飛行隊是由倖存的十幾名特攻隊員組成，因為隊上全都是特攻隊的倖存者而被旁人稱呼為「軍神部隊」，佐佐木和津田少尉便是其中一員。與佐佐木同樣曾在鉾田受訓的津田少尉自從和佐佐木聊過以後，也決定要珍惜性命活下去。然而集成飛行隊雖然組成了，卻連一架飛機都沒有。佐佐木和津田少尉只能在埃查格虛度光陰，整備班的人員則收集故障機體的零件，試圖拼湊出堪用的飛機。

而後，大本營發布了「天號作戰」命令。該航空作戰的主要戰略，是對接近沖繩和九州的美軍機動部隊發動特攻，說是全軍特攻也不為過。

三月二十六日，美軍開始登陸沖繩。而在菲律賓呂宋島，美軍一邊阻擋日軍的激烈抵抗，一邊持續推進。集成飛行隊也決定改變方針，將飛行員送往臺灣，認為與其用臨時拼湊的飛機出擊，不如保護好飛行員。軍部趁著美軍的包圍出現漏洞，接連把飛行員送到臺灣，佐佐木和津田少尉卻被留了下來。

「戰死的幽靈是接不到命令的，不會有搭機命令下給你們。」第四飛行師團的空運曹長一再對他們這麼說。

五月底，飛往臺灣的航路基本上形同斷絕。如今要繼續躲過美國軍機的耳目飛越巴士海峽已經是不可能的了。

六月，第四飛行師團的本部轉進呂宋島更偏僻的基昂地區，集成飛行隊則留在埃查格。六月十五日左右，美軍進駐埃查格的城鎮。集成飛行隊被分成幾個小隊，佐佐木則隨同津田少尉率領的小隊躲到山中。他們在山中搭建了簡陋的克難小屋，糧食也只能靠自己想辦法。大岡昇平的《雷伊泰戰記》中所描述的饑餓和疾病地獄於是降臨在佐佐木等人身上，起初他們以徵收的名義強奪菲律賓人的玉米、雞隻、水牛；等到沒食物可搶了，就抓起任何能果腹的東西。找到柔軟的野草就丟進飯盒裡烹煮，要是沒火可用就直接生吃。他們吃過的生物包括蛇、蜥蜴、蝌蚪、蚯蚓等等，一整天的時間都用來找尋糧食，除了食物以外什麼事情也不想。

漸漸地，笑容從佐佐木臉上消失了，有時候還會露出陷入沉思的表情。過去，他不管在什麼情況下都保有靦腆的笑容，就算被猿渡參謀長羞辱責罵，也抬頭挺胸地執行任務歸來，但現在叢林生活完全改變了他。他無法在空中飛翔，也去不了臺灣，只能在菲律賓的山中忍受饑餓，等待死亡，這讓佐佐木幾乎無法忍受。津田少尉多次激勵佐佐木，要他打起精神，千萬不能死在這種鬼地方，可是佐佐木依舊面如死灰。

菲律賓的山中瀰漫著死亡的氣息。

戰敗

一九四五年(昭和二十年)六月二十五日，大本營宣布在沖繩結束一切有組織的戰鬥，日軍戰敗了。

時至七月，佐佐木想方設法活了下來。唯一值得慶幸的是美軍沒有對他們潛伏的山區發動空襲，畢竟這麼做對美軍沒有任何價值和意義。儘管佐佐木長期飽受饑餓和腹瀉所苦，瘧疾卻沒再次發作，簡直是一場奇蹟。

八月十日早晨，御前會議決定接受波茨坦宣言。軍部直到最後都還反對投降，被喻為「特攻之父」並組織了神風特攻隊的大西瀧治郎中將甚至主張已經做好再犧牲兩千萬日本人的覺悟，用這麼多人發動特攻絕對不會輸。到了八月十五日，天皇在廣播中向國民宣告，日本決定接受波茨坦宣言，無條件投降。菲律賓的山區裡，也撒下了許多通知日軍投降的傳單。

佐佐木已經不可能再出擊了。他九次出擊、九次生還，戰爭終於結束了。

順帶一提，《特攻隊振武寮》一書中提到他「八次」出擊，應該是沒把一九四四年十一月二十五日的第三次出擊算進去，也就是奧原伍長死於空襲的那一次。當時佐佐木才剛啟動飛機引擎就因空襲而停止出擊，但若是沒有起飛就不算數，那十二月十四日第七次出擊時他也因為飛機尾輪故障，無法起飛和菊水隊在空中集合。至於在維基百科的資料上，佐佐木的出擊次數是「九次以上」。包括佐佐木罹患瘧疾時接到上級對萬朵隊下達出擊命令，但只有鵜澤軍曹出擊的那次在內，如果光看命令的次數，確實有超過九次。

但無論如何，計較詳細次數沒有太大意義，總之佐佐木活下來了。

殺害命令

佐佐木先是被送進馬尼拉附近的戰俘收容所，接著又轉往南邊的卡魯邦收容所。卡魯邦收容所的食物充裕，佐佐木吃了很多，體力也有顯著的恢復。在那裡，佐佐木和讀賣新聞社的鈴木英次記者偶然重逢，兩人曾在戰時對談過好幾次。鈴木記者很意外佐佐木還活著，便問佐佐木知不知道自己險些惹來殺身之禍。據鈴木所言，第四航空軍下達了槍殺佐佐木和津田少尉的命令，只因大本營宣布的戰死者還活著的話會對上面的人造成困擾。這讓佐佐木震驚不已，不敢相信自己的耳朵。鈴木還告訴他，第四航空軍的命令本應由第四飛行師團的猿渡參謀長執行，甚至還為此編成了狙擊隊，企圖神不知鬼不覺地暗殺他們二人。

「我們新聞記者也待在埃查格的山區裡，附近的地勤部隊都很火大，他們無法忍受上級竟然下令暗殺特攻隊員，還嚷嚷著要跟狙擊隊交火，來保住你們一命。還好日本投降了，你們也得救啦。」

佐佐木想起那個一直鼓勵自己的富永司令官，心中的震驚遲遲無法平復。司令官不只逃往臺灣，甚至在各種意義上都背叛了他們。同一時間，津田少尉也從高千穗空挺隊[31]的大尉口中得知高層對自己下達格殺令的事情。兩個人從不同途徑得知相同訊息，可說是印證了格殺令的真實性。如果戰爭繼續拖延下去，他們多半已經被附近山頭的日本兵殺害了。

踏上歸途

一九四六年（昭和二十一年）一月六日，佐佐木在馬尼拉港搭上美國的運輸船，那是他從空中看過好幾次的美軍登陸艦。這讓佐佐木覺得十分諷刺，自己居然會搭上美軍的船艦返回日本；若非冥冥中自有定數，搞不好這艘船也會成為自己轟炸的目標。

九天後，船開進了三浦半島的浦賀港，從這裡看得到富士山。港內港外的所有船隻都飄揚著美國國旗，沒有任何一艘日本船隻。在寒風吹拂中，佐佐木踏上了浦賀的土地；這天是一九四六年一月十五日，佐佐木終於回來了。自一九四四年十月二十三日從九州的雁巢機場出發以來，他總算在相隔大約十五個月後回到日本。然而佐佐木心裡滿懷不安，他已經算是一個戰死之人，就算回到北海道，自己在戶籍上卻已經死亡，一切又該如何是好？與收容所的辦事員商量過後，對方告訴他之前有過類似案例，並建議他前往位於東京市谷的第一復員局，那裡有部門專門負責第四航空軍的復員業務。

在浦賀的收容所待了兩天後，佐佐木等復員軍人於一月十八日整隊前往浦賀車站。途中

31 譯注：空挺隊是指空降部隊。

他們來到攤販林立的路上，佐佐木發現這裡就是所謂的黑市[32]。隨著隊伍繼續前進，一群男女開始高聲叫嚷。那些人穿著湊合的衣服，冷得直打哆嗦，看上去相當可憐；接著，他們開始朝復員軍人的隊伍投擲石頭，同時清楚地傳來陣陣辱罵聲。

「日本會輸，都是你們害的！」

「打了敗仗還敢回來，無恥之徒！」

「都被俘虜了，怎麼不去死一死啊！」

石頭也有招呼到佐佐木的身前身後，但復員軍人只是瞄了那些人一眼，隨後低著頭默默前行。

佐佐木等人被送上貨物列車，一路載往東京。列車一過了橫濱便行走於整片廢墟之間，這群復員軍人從門板的縫隙看到斷垣殘壁的光景，無不發出驚訝與絕望的聲音。

而後，佐佐木從東京車站搭乘電車前往市谷的第一復員局。這裡原先是大本營陸軍部使用的建築，為了處理戶籍上的手續，佐佐木來到第四航空軍負責人的辦公室。房間內的負責人緊盯著佐佐木瞧，但因為對方臉上戴著眼罩，佐佐木一下子沒認出這個人是誰。

「唷，你剛回來啊。」

戴眼罩的男子，以一種不知是親暱還是傲慢的態度打了聲招呼。那是佐佐木永遠也忘不了的聲音。

「是，在下剛到東京，不知參謀長大人何時回來的？」

「回來好一陣子了。」

猿渡參謀長又恢復成以前那種倨傲、冷淡的說話方式。

佐佐木站在猿渡參謀長面前，凝視他的臉龐。就是這個人三番兩次想要弄死自己，最後還安排了射殺計畫。一股強烈的怒火竄遍佐佐木的全身，同時他也想起在浦賀收容所發生的事情。在收容所裡，以前囂張跋扈的將校和下士官全都受到士兵的報復；過去動輒對士兵暴力相向的人，如今反倒被士兵追著痛毆。

看著士兵們的報復行動，佐佐木當時心裡感到非常空虛。就算毆打猿渡參謀長——或者應該稱為前參謀長——佐佐木的心情也難以平復。仔細一看，猿渡參謀長臉上的皺紋更深了，和以前簡直判若兩人，看上去蒼老許多，寒酸凌亂的模樣一點威嚴也沒有。想不到自己

32 譯注：戰後的日本因為運輸網遭空襲重創，又有許多復員軍人回歸，糧食配給和管制面臨嚴重問題，因此出現了販賣民生必需品的黑市。

一直以來挑戰對抗的上級，本性竟是如此可悲，佐佐木的怒火頓時消退。無論再怎麼痛毆對方、傷害對方，過往的一切終究無法一筆勾銷；佐佐木決定再也不和猿渡參謀長扯上關係，辦完手續後便離開了第一復員局。

至於每次都在特攻隊面前強調自己也會以身殉國的富永司令官，最終在滿州迎來了戰敗，成為蘇聯的俘虜，直到一九五五年(昭和三十年)才結束十年的戰俘生活回到日本，而後於一九六〇年去世，享年六十八歲。另一方面，被視作「特攻之父」的大西瀧治郎中將則是在戰爭宣告結束的隔天，也就是八月十六日切腹自殺，享年五十四歲。

雪國北海道

離開市谷的第一復員局後，佐佐木友次直接前往上野車站。他對於返回北海道仍有些猶豫，畢竟之前在菲律賓的時候他曾讀過北海道的報紙，得知故鄉替自己辦了兩次隆重的葬禮。要是特攻軍神活著回到故鄉，不曉得當地居民會作何感想？那些把他當成村中驕傲的人，又會怎麼說呢？一想到這裡，佐佐木便覺得心情沈重；然而除了故鄉以外，他也沒有別的地方可去。

從上野開往青森的列車上，擠滿了復員軍人和歸國日僑。佐佐木在菲律賓求生時導致的營養失調還沒有完全恢復，如今又在列車裡顛簸了十小時以上，等他搭乘青函連絡船抵達函館的時候，出現了發燒和全身酸痛的症狀，想來是病情又發作了。

函館舉目所及之處盡是一片雪白，佐佐木終於再次踏上北海道的土地，令他心中備感激昂。儘管如此，他卻沒有迫不急待地想要快點回到故鄉。抵達札幌車站時，佐佐木已經累到沒辦法好好走路了。他在車站裡頭到處觀望，想找個地方躺下來休息，卻連一張完整的椅子都看不到，椅子和牆壁的木板都被拆下來或者遭到破壞。當他發現這麼做是為了拿來當柴燒的時候，才真正體認到戰敗的意義，以及人心有多麼頹喪。佐佐木只好在候車室的地上鋪了一條毛毯躺下休息。他感到身體有一種虛浮的感覺，並在半夢半醒間不斷煩惱著，戰死者到底該不該回家？村裡的人會說些什麼？

驀然，佐佐木聽到有人在講英文。抬頭一看，是名年輕女子在和美國大兵嘻鬧。看著日本女子說著生硬的英文，佐佐木受到了難以言喻的衝擊。他與弟兄們待在菲律賓的戰俘收容所時，還討論說如果美軍登陸日本本土，日本的女性應該會自我了斷來保護貞節。沒想到，眼前的日本女子竟然說著敵人的語言，一邊親暱地抱住美國大兵的臂膀。

看到這樣的光景，佐佐木心中不禁燃起一個疑問。

「我們特攻，到底是為了什麼？」

當別村的小車站完全沒變，與往常一樣不停下著雪。

冰冷的白雪，落在佐佐木發燒通紅的臉上，他想起這就是家鄉的雪，和過去相比沒有任何改變。一股強烈的情感湧上佐佐木的心頭。

佐佐木在函館有先向家裡發了電報，他一離開車站出口，就看到弟弟和表哥在等他。

「你總算回來啦。」

佐佐木默默地點了頭，萬千思緒難以言表。接著便搭上了兩人準備的雪橇。

離開站前的住宅街道，雪下得更大了。純白的山林和民房是他從小到大看慣的景色，強風呼嘯著吹拂過石狩雪原，雪水和霧氣不斷地打在雪橇上。拉著雪橇的馬匹有半截馬腿陷在雪地裡拼命前行。隨後好不容易來到一座長長的木橋，可以看到深邃湛藍的當別川河水從下緩緩流過。

「終於回來了。」佐佐木心想。筆直的雪白大道上，右手邊出現了一棟民房，茅草屋頂上覆蓋著皚皚白雪。佐佐木一看到房子，心跳也跟著加速。

軍神的老家，連房簷下都被白雪覆蓋了。近鄉情怯的佐佐木拍拍身上的積雪，拉開入口旁邊的小門。家裡十分昏暗，有一股令人懷念的味道。佐佐木本想說點什麼，卻發不出聲音。這時候，拉門突然敞開，一個嬌小的黑影衝出來與佐佐木撞個滿懷。佐佐木一把抱住對方，仔細一看原來是母親阿今。

「你可回來啦。」阿今哽咽地說道。話才說完，母親便淚如雨下。

佐佐木心中積存的情緒瞬間潰堤，也放聲大哭了起來。

一九四六年（昭和二十一年）一月二十一日，佐佐木友次活著回家了。

戰後餘生

佐佐木回到當別村，休養了好一陣子。期間，他寫信給岩本大尉的妻子和子女士，向她報告自己回鄉的消息。佐佐木很想和她細說岩本大尉的事，無奈身體狀況不好，暫時還無法前往山口縣的荻拜訪和子女士的老家。

不過，佐佐木還是先到村公所重新辦理戶籍。由於當時的生活必需品都是仰賴配給，不盡快「活過來」可是攸關存亡的大事。到了春天，正當佐佐木的體力恢復得差不多了，公所竟派來一個人，要追討佐佐木獲得的特攻隊勳章和獎金。過去國家曾經頒發勳章以及三千日元的國債作為慰問金以感念他的犧牲，如今卻說要回收，讓佐佐木難以接受。但父親藤吉卻叫他馬上還回去。

「都是你們不爭氣，日本才會打敗仗，我們那一輩可不一樣。」

經歷過日俄戰爭的父親，對這一次戰敗非常不滿，動不動就對佐佐木抱怨。佐佐木只好遵照父親的指示，退還勳章和慰問金。

體力徹底恢復後，佐佐木向母親借了一筆錢前往山口縣的荻。和子與她的父母都表示歡迎，在佐佐木談起岩本大尉的時候，則是流著眼淚默默聆聽。祭拜過岩本大尉的墓後，佐佐木又應邀多逗留了幾日。

和子如今收養了一個孩子。得知夫君岩本益臣戰死後，和子本想共赴黃泉相聚。就在戰爭結束的前一年，益臣的姊姊帶著不滿一歲的小孩博臣，回到岩本大尉在福岡的老家，當時和子也住在那裡。小小年紀的博臣瞇眼笑起來的模樣與岩本大尉十分神似，這讓和子不禁想起死去的丈夫而淚流滿面。益臣的姊姊看在眼裡，便問和子要不要收養博臣，當成益臣的兒子來養育。和子打從心底感到高興，她將孩子視如己出，並且決定要把孩子養育成和丈夫一樣了不起的航空軍人。和子終於找到了活下去的理由。

戰後，和子離開婆家，帶著博臣回到位於山口縣的老家，但在戶籍上她依然是岩本家的媳婦。後來，和子前往東京的文化服裝學院學習洋裁，學成後在家鄉開了一間洋裁學院。經營學校並不輕鬆，但孩子的成長是她打拼的動力，不僅沒有再嫁，且一輩子都以岩本姓自稱。

佐佐木則是在一九五〇年（昭和二十五年）結婚，對方的名字正巧與岩本大尉的妻子一樣也叫做和子。他們將結婚那一年生下的長男取名為博臣，與岩本大尉的兒子同名。婚後，佐佐木依然沒有放棄駕駛飛機的夢想，只可惜家裡除了他以外沒有其他人可以繼承農家事業。佐佐木通常不會主動提起特攻隊的往事，但他也有自己的堅持。一九六八年（昭和四十三年），佐佐木得知在北海道丘珠地區的陸上自衛隊有一位北部方面航空隊隊長，過去曾在菲律賓擔任負責掩護萬朵隊執行任務的第二十戰隊的隊長，便決定直接去拜訪對方。他相信掩護隊的隊長一定知道自己為什麼會被當成特攻的戰死者，又為什麼會被冠上擊沈戰艦的功績。然而，自衛隊的一等陸佐[33]含糊其詞，只說他記不得過去的事情，也不清楚佐佐木是哪一位飛行員。過去

33 譯注：相當於上校。大日本帝國陸軍時期稱為陸軍大佐，二戰後成立自衛隊改稱一等陸佐。

的將校不願訴說真相，而是選擇隱瞞日軍不光彩的往事，這一點即便戰爭結束已經過了二十多年也依然沒變。佐佐木懷著空虛與憤怒的心情回到了當別村，久而久之也就沒再提起特攻了。就算難得有人問起，他也只用三言兩語帶過，隨便打發一下。

岩本大尉的兒子博臣，據說還留有他四五歲的時候佐佐木前來拜訪的記憶。佐佐木會寄來一些自家種的馬鈴薯或洋蔥，當時還在念小學的博臣也會寫信道謝，這樣的交流似乎持續了好一段時間。

佐佐木在心中埋藏著對天空的嚮往，和妻子一起在老家務農。日子雖然過得清苦，還是在故鄉拉拔了四個孩子長大。他作為陸軍第一批特攻隊隊員參與了九次特攻，九次生還，最終得以在戰後回到北海道度過餘生。

第三章

二〇一五年訪談紀錄

二〇一五年十月二十二日

「友次先生，我有幾個問題想請教您。」我按捺著激動的心情，展開這次對話。

住院療養的佐佐木友次先生如今就在我的面前，已經高齡九十二歲了。他閉著眼睛，撐起上半身，與我面面相對（友次先生自從罹患糖尿病，已失明長達六年左右。他一個人在當別町生活，因為受了傷才住院治療。）

——首先，我想請教一個基本的問題。在駕駛飛機時，飛行員能否自己選擇要駕駛戰鬥機或轟炸機？

「不行，機場給你哪一種訓練機，你就得用哪一種上戰場。」

——你們可以表明自己想駕駛隼戰鬥機嗎？

「也不行，人家給什麼我們就要想辦法練到好。」

——拿到九九雙輕，您覺得滿意嗎？

「是啊，一開始大家都說那台飛機不好。實際駕駛以後，兩架發動機的續航距離還蠻遠的，飛行狀況挺不錯。然後呢，我就喜歡上那台飛機了。」

——聽說您小時候，有看過報社的飛機是吧？

「我一聽到飛機的聲音就坐立難安，和瘋子一樣追著飛機跑。」

——後來您進入了仙台的遞信省航空機駕駛員養成所對吧，那裡跟軍隊不一樣嗎？

「我也以為不一樣，沒想到我加入時與軍隊差不多，甚至比軍隊還嚴格呢。」

——對於動不動就拳打腳踢的軍隊式管教，您無法接受吧？

「是啊，被修理得比軍隊還慘，那實在太痛苦了。第二天開始就吃了不少苦頭。」

——您是十七歲加入的吧？在那之前呢？

「幹農活啊。」

——您的母親沒有反對您進入養成所嗎？

「家裡有很多小孩嘛。況且那時候是軍人至上，家裡只要有人加入軍隊就是一件風光的事，所以家裡也沒怎麼反對。」

——您就是在那之後開始駕駛九九雙輕的？

「沒錯，反正就是從軍嘛。那時候從軍對我們來說，就好像是某種使命一樣。去了以後人家給我們九九雙輕，就開始訓練了。每天都在練習俯衝轟炸，幾乎沒做別的。」

——岩本大尉擅長的跳彈轟炸，你們沒有練習嗎？

「沒有。」

——友次先生您是什麼時候認識岩本大尉的？在鉾田認識的嗎？

「是啊，鉾田。在那裡受訓時認識的。」

——岩本大尉也是駕駛九九雙輕的高手嗎？

「沒錯，當時他很有名，他的駕駛技術十分高超。」

——萬朵隊找的都是高手嗎？

「當時啊，我們有五個將校，各個都很厲害。」（作者注：執行空中勤務的將校有五名，其中有四位是駕駛員，另一位是負責通信的。）

——因為是第一批特攻隊，才專門挑選高手嗎？

「想必是吧。我們都是下士官，也就跟著參加了。」

——下士官的駕駛技術也很好嗎？

「下士官也經過嚴苛的訓練，技術都很好啊。」

——既然你們技術這麼好，上級命令你們特攻的時候，不會覺得自尊受到傷害嗎？

「當然會。」

——可是，陸軍專挑高手負責特攻是吧？

「是啊。」

——友次先生您是當中最年輕的嗎？

「是這樣沒錯。」

特攻命令

——你們在離開鉾田之前，知道自己要參與特攻嗎？

「知道啊，還沒離開日本本土就聽說了。上級直接下令，要我們明天出發執行任務。」

——您聽完命令以後，心裡是怎麼想的？

「根本說不出話來啊，因為太衝擊了。」

——根據高木先生的作品（《陸軍特別攻擊隊》）所述，本來炸彈是無法投落的，但您似乎一直在尋找投落炸彈的方法？

「唉，畢竟那太殘酷了。你要是實際看過就會知道，飛機上可是載著八百公斤的炸彈啊。跟當時的其他炸彈比起來，那也算是很大型的炸彈。沒有必勝的把握，怎能帶著那種炸彈出擊呢。我當時就想不通為什麼一定要載著那種炸彈執行任務。」

——當您看到機頭加裝三根長槍的飛機時，您有什麼感想？

「一方面覺得心痛，另一方面覺得這代表自己必須一擊得手才行，這兩種感情都很令人痛苦。」

——當時海軍的神風特別攻擊隊先出擊了對吧？您對海軍特攻有什麼看法？

「不想輸給海軍的心情比較多吧。」

——通常人們提到駕駛飛機，就會想到零式戰鬥機。從陸軍的角度來看，您會不會覺得不甘心？

「並不覺得。開什麼飛機是上級決定的，根本沒得埋怨。」

——如果有機會駕駛自己喜歡的飛機，您會選擇其他的機種嗎？

「這倒不會，自己用習慣的才是最棒的。」

——九九雙輕的飛行性能，還有速度都挺不錯的嗎？

「雖然九九雙輕的評價不太好，一般速度可達三百五十公里，飛到四百也沒問題，接近五百就降下來了。」

——高木先生的書中還寫道，您返航後被猿渡參謀長罵得狗血淋頭，當時其他特攻隊的成員有跟您說什麼嗎？

「軍隊也不是能隨便互相交流的地方，大家都只能默默地執行任務。」

——其他特攻隊的人看到您活著回來，有沒有說您狡猾，或是表露羨慕之意？

「完全沒有，這是不能說出口的事情。」

——為什麼呢？

「當時的氣氛就是那樣，有些話在戰場是禁忌。」

——那麼，您活著回來以後，周圍對您的看法是不以為然，還是認同您的做法？

「當然是不以為然了。」

——您還記得和您一起住院的出丸中尉嗎？就是那個活著回來，又被派去執行任務的人

（佐佐木先生一聽到「出丸中尉」這個名字，便撐起了原先靠在床上的身子，一時似乎有些緊張。）

「那個人畢竟是將校，跟我們這些下士官不一樣。因為立場不同，就算活著回來還是會不斷被派去執行任務，所以他已經放棄掙扎了。」

——將校和下士官的立場不同嗎？

「很不一樣。」

——那麼，友次先生九次出擊還能活著回來，與您是下士官有很大關係囉？

「是啊，因為是下士官才有辦法活著回來。」

——可是，如果岩本大尉沒有戰死的話，那他出擊又會是什麼情況？他不是跟你們說要愛惜生命嗎？

「岩本大尉是個了不起的人，他想必是打算身先士卒，對美軍發動特攻。」

——這麼說，他要是沒有戰死，也會捨命衝撞敵方船艦嗎？

「肯定會吧。」

——但萬一岩本大尉真的發動特攻，您也只能跟隨了不是嗎？

「我是駕駛三號機還四號機吧，當然也會跟上。」

——意思是您也很可能撞擊敵方船艦？

「嗯嗯。」

——這樣啊……岩本大尉和友次先生，一個是大尉一個是伍長，應該是沒辦法隨便閒聊的關係吧？

「沒錯，但我們有同袍的情誼。」

——大尉很照顧您是吧？

「非常照顧我。」

——為什麼呢？

「可能是我們合得來吧。我非常喜歡駕駛飛機，根本克制不了，整天都在練習。」

——可是燃料也愈來愈少，應該沒什麼駕駛機會吧？

「不、當時（在鉾田）還有機會的。後來（在菲律賓）猿渡參謀長說燃料不夠了，才叫我們減少練習次數。」

——您一天練習多久呢？

「好幾個小時吧，一有時間就練。」

——在飛機上想小便的時候該怎麼辦？

「呃，就直接尿囉。沒辦法嘛，又不能帶毛巾去。」

——這樣褲子不是會髒掉嗎？

「那也無可奈何，反正遲早會乾的。」

——這種情況常發生嗎？

「常發生，我想其他人也一樣。我們通常一飛就是兩、三個小時。」

——不能找個地方，放置小便用的空罐嗎？

「反正尿了也會乾的。」

——那肚子痛怎麼辦？像是吃壞肚子卻不得不駕駛飛機的情況。

「不，那時候根本沒什麼食物。吃的東西少，也就沒有拉肚子這回事了。」

——被選為特攻隊員，飯菜難道不會變好？

「我一開始也這樣想，但到後來就愈來愈糟了。」

——高木先生的書裡記載您第四次出擊的時候，負責掩護的戰機直接調頭返航了。他們是不希望您白白送死嗎？

「想必是吧，我第一次轟炸成功的傳聞似乎建立了一點聲望，所以他們才不想讓我死吧。」

不死的韌性

——我之所以會拜託令郎讓我和您見上一面，主要是想知道，您是怎麼活著支撐下去的？

「呃，也不是刻意要撐啦。畢竟留得青山在，不怕沒柴燒嘛。」

——可是，那個時代認為犧牲是一件壯烈的事情，不死說不過去對吧？

「是有這種氣氛沒錯。」

——為什麼您反對這種觀念呢？

「唉呀，說穿了還是性命寶貴啦。直到現在，每當想起十一月十二日出擊的往事，我還是會止不住顫抖，那一段經歷實在太令人難受了。」

——聽說您的父親是白襷隊成員，他說「人不該輕易捨棄生命」，這句話是您的精神支柱嗎？

「是沒錯，家父在日俄戰爭獲得金鵄勳章[34]，他一直告誡我，千萬不可以尋死。」

——岩本隊長要你們珍惜生命，也成了不小的助力對吧？

「確實。」

——不過，友次先生您曾經為了抗議長官不合理的命令絕食兩天，可見您的個性本來就比較頑固，或者應該說不願服輸？

「是啊，我心裡一直有一個念頭，不明白為什麼非死不可。」

——這和您喜歡駕駛飛機有關係嗎？

「是啊，很有關係。」

——您喜歡的是什麼地方呢？

「雖然九九雙輕在雙發動機的機種中評價不太好，但我們駕駛著這種飛機到處執行任務，

34 譯注：明治時代設立的武勳，共分七等。只有戰功卓絕的人有資格獲得。

實際操縱起來也蠻好用的。所以，我實在不甘心就這樣乘著飛機自殺。」

——況且，您很喜歡在空中飛行對吧？是喜歡駕駛的感覺嗎？魅力何在呢？

「我只要能在空中飛翔就很滿足了，其他都不重要。」

——飛在空中很愉快嗎？

「是啊，只要有時間，就算只有我自己一個人也會在機場找地方練習。」

——訓練很辛苦嗎？

「很辛苦啊。會想駕駛飛機的人，都非比尋常。」

——是只能靠不斷練習來提升技術嗎？一開始先用觀摩的，久而久之身體就會記得怎麼駕駛？

「沒錯，而且多練幾次以後，就可以跟鳥兒一樣自在飛行了。」

——您還記得自己駕駛的第一台飛機嗎？

「是一台練習機，叫九五式一型練習機。」

——就相當於海軍的紅蜻蜓[35]嗎？

「沒錯，那是陸軍的紅蜻蜓。坐上那台飛機的時候我嚇了好一大跳啊，真的是驚慌失措。」

——怎麼說呢？

「我那時心想，原來飛機真的可以飛這麼高啊。」

——您第一次飛行時是什麼心情呢？

「完全搞不清楚哪邊是天空，哪邊是地平線啊。」

——為什麼呢？

「太興奮了，根本分不清楚天南地北。」

——但是卻非常開心？

「嗯。」

——友次先生的成績怎麼樣？大概落在哪個等級？

「如你所見我身材矮小，也沒什麼了不起的地方，唯獨幹勁是有的，也受了不少訓練。」

——請容我換個話題，那時候美軍的飛機多如牛毛，在缺乏戰機掩護的情況下，會感到很無力嗎？還是反而會激起戰意？

「無力感很強烈啊。一樣都是死，無為死去對自己的家鄉太過意不去了，所以我漸漸產生一種想法，覺得一定要死得有價值才行。」

35 譯注：當時日軍的練習機會塗上鮮艷的橘色，故得名紅蜻蜓。

——在種時候，您還是覺得開飛機很愉快嗎？

「很愉快啊。」

——很興奮嗎？

「是啊。」

——您真的很喜歡飛行呢。

「沒錯。」

——最後沒有飛機能開，你們不是跑到菲律賓的山裡去了嗎？那時候沒有戰鬥嗎？比方說在山區交戰之類的。

「沒有，我們真的手無寸鐵。」

——這樣啊，美軍也沒有跑進山裡就對了。

「沒有，美軍沒來。」

——比起美軍，眼前的敵人反而是饑餓和瘧疾？

「是啊，我們看著獨魯萬的基地，裡面燈火通明不說，還很熱鬧呢。看到那樣的光景，我就知道日本輸定了。」

——您是指美軍佔領基地後，你們從山上看到的景象嗎？

「沒錯。」

——戰後回到日本，您沒打算繼續當飛行員嗎？

「我很想，只可惜太晚回去了。部隊裡的弟兄都不在了，其他人也沒給我好臉色，好像在問我幹嘛回來一樣，實在受不了。」

——您的兄長去世後，您也必須繼承家業是吧？

「這當然也有關係，也不知道該說是幸運還倒楣。總之大哥死去第十天，我就從戰場回到日本了，似乎冥冥中自有定數。」

——故鄉的人對您很冷淡嗎？

「很冷淡啊。活著回到故鄉，難免會顧人怨。」

——畢竟村裡替您辦了兩次隆重葬禮，應該受到不少冷嘲熱諷吧？

「這是一定的。」

——這對您來說很不好受吧？

「很難受啊。」

＊　＊　＊

採訪時間大約一個小時左右，講到最後友次先生也累了，便暫時告一段落。他高齡九十二歲，雙眼失明，記憶力倒是很好，甚至還記得第一次出擊的日期。採訪過程中，友次先生問我是不是記者，我說自己算是作家。友次先生表示他不希望把事情搞得太大，但用字遣詞很溫和，並非強烈的拒絕語氣。我不太明白所謂的鬧大是什麼意思，但還是答應了他的要求。

我在札幌住了一天，隔天又去醫院探訪友次先生。我實在很想知道，友次先生何以如此堅強。同時，我也想多與他共度一段時光。

打過招呼後，友次先生很爽快地歡迎我入內。有機會與人聊一聊，或許他也蠻開心的吧。

第二次訪談

二〇一五年十月二十三日。

——您到菲律賓後，也有練習俯衝轟炸嗎？

「有啊，去菲律賓也有練習。岩本大尉帶我們飛到菲律賓最高的山脈，朝著那裡的火山口往下俯衝，訓練了好幾次。」

——當時飛行速度有多快？

「一般是三百五十公里，儀表板上的速度是這樣。然後，再從四百公里衝到四百五十公里。」

——身體的哪個部位最難受呢？

「嗯，也不是難受……這該怎麼說呢，隨著飛機的速度變快，身體也會漸漸適應吧。」

——維持操縱桿需要很大的力氣嗎？

「不需要，就是跟飛機合而為一。」

——俯衝很困難嗎？

「當然困難啊，飛機要衝向海面上的艦隊，一個不小心就完蛋了。」

——你們是從幾千公尺的高空展開行動的？

「差不多在三千公尺開始行動，會下降到五百公尺左右。」

——在三千公尺的高空上，看得到底下的船艦嗎？

「看得到啊，我們看得出那是美軍艦隊。」

——看起來像是什麼樣子？

「小小的，比樹葉再大一點的感覺。」

——友次先生轟炸了兩次對吧？第二次高度是多高呢？

「三百公尺吧，三百到五百之間。」

——九九雙輕本來不適用於俯衝轟炸對吧？

「是啊，不適合。」

——容我換個話題，仙台的飛行員養成所的入學考試很難嗎？

「很難啊，那是航空局的考試，非常嚴謹。」

——有考筆試和運動能力嗎？

「有，比起陸軍召募少年飛行兵的制度，那個還要更難。」

——友次先生沒有去應徵少年飛行兵嗎？

「我考運不好，落榜兩次。」

——您是說少年飛行兵的考試？

「是啊，後來只剩下遞信省的養成所有缺額，但其實那邊的考試反而比較難。」

——您反而考上比較難的就對了。

「確實考上了啊。考生好像有幾百人，我是轄區內的第三名，還受到表揚呢。」

——體能測試考什麼呢？

「在地面上行走，還有跑步之類的。」

——當上飛行員，是否有種成為菁英的感覺？

「有呢。」

（談話之間，多少有提到一些昨天的話題。只是，友次先生也提到許多《陸軍特別攻擊隊》當中沒有寫到的故事。例如，他小時候看到的報社飛機是前後座雙人共乘，只有一台發動機的雙翼機，顏色以黃色為主；早上九點左右，報社的飛機會出現在伊達山，友次先生在地面上揮手，飛行員也會朝他揮手。至於友次先生沒考上少年飛行兵的往事，不只《陸軍特別攻擊隊》沒有記載，連他兒子也是第一次聽說。）

——您在離開日本執行特攻任務之前，累積了多少飛行時數呢？

「時數很驚人啊。當時是有分級的，比方說要累積三百小時或五百小時，才能進行到下一個階段，這一點是確定的。」

——果然飛行時數愈多的人就愈威風嗎？

「那可是很了不起的事情，就像是一種衡量基準。雖然還不到趾高氣昂的程度，但真的很了不起。」

——友次先生，您記得自己的飛行時數嗎？

「我只記得自己飛了很久。」

——飛行時數沒有留下紀錄嗎？

「有記錄飛行日誌，看飛行日誌就知道飛行時數了。」

——那飛行日誌去哪裡了呢？

「還能去哪裡？東西都在菲律賓，早就不見了，沒有留下任何證物。」

——第一次特攻是岩本大尉想方設法，讓你們的飛機可以投下炸彈對吧？後來，您的飛機迫降損毀，就只好改搭其他的九九雙輕了。所以說，當時也有人幫您改裝機體，讓炸彈可以用投落的方式引爆？

「應該是吧，因為確實可以透過手動投落炸彈。」

——是負責整備的士兵的好意？

「也許吧。」

——出發之前，您有確認能否投落炸彈嗎？

「當時的氣氛不允許啊。」

——意思是在您出擊的當下，並不曉得眼前的機體能不能投落炸彈？

「是啊。不過，我相信整備的人員會處理好。」

——所以岩本大尉戰死後，整備班的成員還是有完成他的委託？

「我想是的。」

——這是違反命令的吧？

「這個嘛，不用說也知道吧。」

倖存者

——昨天您有談到，自己在戰後回到故鄉，遭到鄉親冷眼相待。那您回來以後，其他特攻隊的人有對您說什麼嗎？

「沒有，沒特別說什麼。大家說話都很小心翼翼，沒人對我說過什麼。」

——其他特攻戰死者的家屬，有對您說什麼嗎？

「我就是一介兵卒而已，也沒有人會想特地對我發表意見。」

——那些司令部的人，整天說自己也會捨命殉國，但很多人在戰後還是活了下來。您對他們有什麼想法？

「沒有，我沒什麼想法。」

——您是中途才決定要不顧一切地活下去，還是一開始就這麼想了？

「應該是第一次出擊返航的時候吧，我在想這樣下去或許有辦法生還。後來，我在晚上迫降弄壞飛機，身上卻一點傷也沒有，這也是一個轉機。我相信自己一定能活著回去，於是就這麼決定了。」

——活著回來有受到責罵對吧？

「被罵是理所當然的。」

——您不生氣嗎？

「戰場上是不允許你生氣的。」

——那您是怎麼想的？有反省嗎？

「也沒有反省，我想說下次就死給他們看。」

——不過，您也有亟欲求生的念頭對吧？

「沒錯。」

——那時候您的想法是什麼？

「我是打算下次死給他們看，但也有活下去的念頭，對於活著回來也是有期待的。」

——您想活著回來的念頭，純粹是想保住性命而已，還是如同岩本大尉所言，認為用轟炸的方式擊沈船艦就好，沒必要浪費生命？

「當然是不想白白浪費生命啊。岩本大尉要我們擊沈船艦，這是活著回來的條件，也是第一要務。」

——意思是沒有擊沈船艦，就沒資格想著生還是嗎？

「是啊，岩本大尉說得很明白。」

（接下來，我問起九次出擊後，友次先生進入山中的心情。）

——沒有飛機可用的飛行員，究竟是什麼樣的心情呢？

「既然沒有飛機，也只能乾脆地放棄了。」

——您不想去臺灣嗎？

「沒人願意帶我去啊。」

——對於這件事您會感到憤怒嗎？還是覺得無可奈何？

「無可奈何吧，沒什麼好生氣的。」

——為什麼呢？

「也沒為什麼，反正也沒辦法回到本土。」

——您是說，您一方面想活下來，但也覺得自己無法回到日本本土？

「是啊，就是這樣。」

——主要是對死去的戰友有很強烈的愧疚之意嗎？

「那不是強烈可以形容的。」

——那是唯一的念頭囉？

「是唯一的念頭。」

——您不希望太過張揚自己的故事，也是出於這份愧疚嗎？

「那是當然。死掉的人才是最可憐的。」

——如果要責備某個人的話，您會責備誰呢？

「沒有什麼好責備的。」

——都是命運和時代的問題，是吧？

「是啊，我有一個叫奧原的戰友，他就在我附近被活埋，這件事帶給我很大的衝擊。當時我們之間也不過差了兩三公尺的距離，他卻遭到活埋當場死亡，我則是只有沾到一些泥巴，也沒受什麼傷。這只能說是佛祖保佑了吧。」

——不曉得高木先生有沒有想過，以您的人生故事寫成一本書？

「說真的，我並不想因為能活著回來就太過高聲宣揚。靜靜地待在家裡過日子就好，不然對社會也過意不去。」

——最主要還是顧慮到戰死的人嗎？

「沒錯。」

——此外，也要顧及鄰居的冷淡與妒意之類的吧？

「這也是原因之一，但那是我個人的看法，對方怎麼想的我也不知道。人家不開口，我也不會知道他人的想法。」

——戰爭已經過了七十年，經歷過戰爭的人幾乎都去世了呢。

「我們已經是當中最年輕的一輩了。」

——以後人們對戰爭多半就只留下一種英勇的印象。

「似乎是如此。」

——所以特攻隊才會被塑造出壯烈的美感吧。

「其實只要多多留心，不要再重蹈覆轍就好。」

——正因如此，我才想把友次先生的故事宣揚出去啊。

「唉呀，我一個老人嚷嚷也無濟於事啦。」

＊＊＊

昨天和這一次的訪談，大約都談了一小時又十分鐘左右。高齡九十二歲的老人家，接受這麼久的採訪想必十分辛苦。再者，友次先生的門牙也脫落了，發音有些困難，但他還是願意回答我許多問題。

十一月六日，我與友次先生的兒子博臣先生在川崎碰面。我先是感謝他允許我和友次先生會面，順便向他請教了友次先生的事情。博臣先生分享了很多，像是友次先生之所以嚮往天空，可能是體格嬌小的關係；或是他小時候看父親務農，感覺得出來父親還是想當個飛行員。此外，父親也曾提起淀號劫機事件的石田機長，以及他希望三個兒子之中有人能成為飛行員。比起自己擔任特攻隊員的過去，友次先生似乎比較常談起駕駛飛機的經歷與體驗。

十一月十日，我再次搭機前往札幌，想著還有許多問題想請教友次先生。

第三次訪談

二〇一五年十一月十日。

友次先生剛好在入浴，我稍微等了一下。洗完澡的他似乎有點疲憊，與之前相比講話也比較吃力。

——請容我再向您請教一些事情。

「那都是七十年前的往事了，大概是你歲數的兩倍吧。」

——也不到兩倍啦（笑）。之前我和您兒子碰面了，這次來也是想向您請教一些問題。

「我現在眼睛看不到了，你是抱著什麼樣的心情和決心來的，我實在不曉得啊。」

——友次先生，您說過不希望太過張揚對吧？可是為了這個國家好，我想把您的故事流傳下去。

「唉呀，這事情沒有那麼誇張啦。」

（我們又一次從仙台養成所的話題談起，包括助教時代的經歷，還有前往鉾田以後，獲得岩本大尉青睞的往事。談著談著，就談到出擊前的話題了。）

——十月二十日有一場送行會對吧?那時候你們就知道自己是特攻隊成員了嗎?

「知道啊,上級說我們是陸軍第一批特別攻擊隊,是很光榮的事情。」

——聽到自己入選,您還記得是什麼樣的心情嗎?

「很悲壯。」

——大家都認為,自己是技術好才被選上的嗎?

「是啊,我也被選上了。」

——這麼說來,實力獲得認可多少是有點開心的吧?

「多少有。成為日本陸軍最厲害的特別部隊成員,確實挺令人高興的。」

——不過要執行的是特攻任務,還是很苦惱吧?

「很不安啊。」

——原來如此。

「在機場的時候,那些將校手裡都拿著酒瓶,說要辦一桌盛宴,勸我們多喝一點。當時我心裡就想,這下事情真的不妙了,自己恐怕是非死不可了。」

——友次先生,您不會喝酒嗎?

「不會,但那時候我喝了,大概是有些自暴自棄吧。」

——在各務原第一次看到自己的飛機時，您開心嗎？

「比起開心，更應該說是難過。」

（接著，友次先生談起他在小學時代，就知道臺灣和菲律賓之間有「巴士海峽」。當初飛越巴士海峽時，他的心情十分雀躍。）

——可是，你們也有可能被美軍發現不是嗎？萬一被發現的話，你們的飛機也沒有機槍可用，只能當敵人的活靶。即便如此，飛越海峽的興奮情緒，還是勝過恐懼感嗎？

「說來也奇怪，我在飛越巴士海峽的時候，只想到自己要離開日本了，根本沒想過有可能會被美軍擊落。」

——為什麼呢？

「那時我對美軍沒什麼認知啊。」

（隨後，便說起機艙裡的溫度會隨著高度從三千爬升到四千公尺而下降，好在機上有暖氣可用等等。）

一個多小時的採訪結束後，友次先生疲倦地說，請我別再來了。就像他稍早所說，他的眼睛已經看不到了，因此不曉得我的長相，也不知道我是否值得信賴，這一點似乎讓他覺得非常遺憾。不過，我相信友次先生還願意跟我對談，所以就在札幌住了一天，以便隔天十一月十一日再次拜訪。

第四次訪談

十一月十一日。

（我向友次先生打了聲招呼，表明自己的來意。友次先生看上去比昨天有精神，他微微一笑，露出一種略顯無奈的表情，細心回答我的各種問題。）

——您可能在想，為什麼我會三番兩次前來打擾吧？昨天我說過，我希望讓更多人知曉您的故事，但這並非最主要的原因。我之所以想見您，是因為想知道為什麼您能接二連三地出擊卻不會自暴自棄？換成是我的話，大概中途就受不了了。

「原來是這樣啊。」

——您不是有擊沈船艦嗎？結果返航以後，猿渡參謀長還是逼您用自殺攻擊。如果是我大概就想著直接死給他看，根本沒辦法撐到最後。

「唉，這只能說是天命啦。老天爺還沒要我死，我才能活著回來的。」

——不過，戰事發展到後來，犧牲反倒成了主要目的不是嗎？

「是啊。」

——後來上級連隨行的護衛戰機都不派，就只讓一兩架特攻機獨自出擊而已。所有人都心裡有數，這幾乎是不可能抵達敵軍陣地了吧？

「嗯……是啊。」

——那您接到出擊命令時，為什麼沒有心灰意冷，放棄活著回來的念頭呢？

「我心中或許是有那麼想，只是沒有說出口罷了。」

——為什麼您有辦法多次去而復返呢？

「這個嘛，主要還是天命啦。除此之外也沒有其他答案了，又不能逃走，是吧。」

——問題是，每次歸來都會被苛責吧？不是會被人說是貪生怕死嗎？

「因為是長官才會那麼說啦。」

——我調查過其他人的資料，據說甚至有人因為不想再回去被羞辱，就自暴自棄地硬是連人帶機衝撞敵軍船艦。

「是有這樣的人。他們已經走投無路，情緒和行動都被逼到極限，再也沒有宣洩的出口。」

——那為什麼友次先生不會這樣呢？

「這個嘛，我也一直在思考這個問題。我的父親在日俄戰爭中獲得金鵄勳章，或許跟這件事有很大的關係吧。家父都獲得金鵄勳章活著回家了，我應該也辦得到，當時確實懷有這種心情。」

——原來如此，這成為您的精神支柱是嗎？

「沒錯。」

——那麼，您到最後都沒有懷憂喪志？

「沒有，總之只能說多虧祖先保佑啊。」

——祖先有保佑？

「我家祖先就供奉在故鄉的茂平澤（位於當別地區）。可能是祖先庇蔭吧，我雖然沒親眼看過，但總有一種受到保佑的感覺。」

——您每天有禱告或念佛嗎？

「也沒有刻意唸出聲，就只是出任務時，跟祖先報備一下，請祂們保佑這樣。」

——岩本大尉要你們愛惜生命，這句話也是你們的心靈支柱吧。

「是啊，岩本大尉對高層的看法是什麼，這我們並不清楚。不過，上頭的做法實在是太過份了，所以他才想採取一些行動，對軍部還以顏色吧。」

（我換了一個話題，請教友次先生對富永司令官的看法。）

——友次先生，您對富永司令官沒有壞印象嗎？

「沒有，我們還握過手呢。」

——您聽說他逃跑，心裡是怎麼想的？

「逃了也沒人會說他卑鄙。畢竟聲稱是戰術性的光榮撤退嘛。」

——那麼，您是什麼時候得知他逃跑的？

「我沒有去臺灣，待在菲律賓自然就會聽到消息了。」

——您得知他似乎逃跑的消息，那時候的想法是什麼？

「我也說過很多次了，我就是一個小伍長罷了，腦袋沒那麼靈光的。」

——您是覺得難以置信，還是不知該如何判斷？

「有什麼好判斷的，我根本不夠格啊。」

——您前往埃查格的時候，是否一直借住在地區司令部？您還記得嗎？

「他們召集了好幾名飛行員，所有人就在那裡生活。」

——我比較意外的是，猿渡大佐說您已經是戰死的人了，卻還是讓您住下來。這代表旁人對您還蠻有好感的吧？

「主要是我沒有太招搖的關係。既然作為名義上已經戰死的人活著回來，我便約束自己不可以太過高調。尤其新聞記者也在，被發現可不得了。」

佐佐木先生的精神支柱

——您不是沒能拿到前往臺灣的文件嗎？那時候您很失落嗎？

「那時候啊，一想到自己無緣回到日本了，心裡真的很失落，畢竟其他飛行員都走了。」

——是什麼支持您撐下去的？

「還是祖先保佑吧。現在也是有佛祖保佑啊，當時佛祖是我最主要的精神支柱吧。」

——您有出聲禱告嗎？

「那倒沒有。」

——有帶著護身符嗎？

「有帶，只是好像沒討到什麼吉利就是了。」

——您是隨身攜帶嗎？

「是啊。」

——我十月來採訪的時候，您說自己很喜歡飛行，這也是支持您的動力嗎？

「我只要一坐上飛機，什麼煩惱都忘光光了。」

——俯衝轟炸時是興奮的情緒比較多，還是痛苦的情緒比較多？

「興奮啊。不，也不該說是興奮吧。你要眼觀四面、耳聽八方才行，沒有其他人會幫你瞻前顧後。」

——隨時保持警戒很耗心神，也沒有餘力享受飛行了吧？

「應該說，重點是要有高超的技巧，才能享受飛行。」

——您很喜歡在天上飛行吧。想要繼續翱翔的心情，也是支持您的動力嗎？

「是啊，我其實不怎麼害怕上戰場，只要有機會飛上天就好。」

——您回家以後，您母親說她終於盼到兒子回來了，那您父親有說什麼嗎？

「父親那時候才六十出頭，大概是覺得面子掛不住吧，也不太想跟我碰面。母親倒是很高與我回來了，她還開心地牽起我的手呢。」

——父親沒有關心幾句嗎？

「他說不出口啦。」

——您是什麼時候知道村裡曾替您舉辦了兩次隆重的葬禮？

「我在菲律賓就知道了。當時北海道新聞報有送到馬尼拉。」

——您看到報導，有嚇一大跳嗎？

「覺得挺苦惱的。」

——您是不是在思考，這下該如何是好？

「也不是，畢竟我無能為力啊。」

——這倒是，您又不能寫信表明自己還活著。

「對啊，不過我有寫信報平安喔。我回家以後，發現那封信有寄到家裡。」

——您有寫信報平安？

「當然，我沒說自己還活著，畢竟名義上已經戰死了。我只寫自己前往馬尼拉，那裡已經春天了之類的，就寫一些季節性的東西。」

——寫一些只有還活著的人才看得到的季節變化是嗎？

「沒錯。」

——母親看到您的信，心裡是怎麼想的呢？

「她大概很確信我還活著吧。只不過她沒念過書，看不懂信件就是了。」

——不過，您已經算戰死的人了，軍隊允許您寄信嗎？

「呃，那是我偷偷寄的啦。」

——咦！那個時候您有辦法偷偷寄信嗎？

「寄普通郵件就好啦。」

——說的也是，從菲律賓市區寄出就好。可是，被發現的話後果很嚴重吧？

「也還好。被抓到是有點麻煩，但也沒什麼大不了的。」

——猿渡大佐叫您去死，您覺得他說這句話是認真的嗎？

「應該是很自然就說出口了吧。」

——友次先生，您聽了不生氣嗎？

「當時我一個小伍長，怎麼敢對陸軍大佐橫眉怒目啊。」

——除了忍耐別無他法？

「還是一句話，萬般皆是命啦。天命不是自己能決定的。」

——友次先生，您有想過把自己的故事記錄下來嗎？

「剛回來的時候有想過。只是，我腦袋不靈光，文筆又不好。高木先生在我家待了將近一個月，他有替我寫出來。」

——我明白了，很感謝您這段時間的關照。

＊＊＊

我多次請教友次先生，他堅強的秘訣究竟是什麼？他的答案也都一模一樣，都說是祖先或佛祖保佑。老實說，我個人是不太相信的，他既沒有念經禮佛，也不是真的很相信護身符有神奇功效。儘管如此，那句「天命」還是讓我感觸良多。我多少可以理解，他為何會有那種想法；當我們遇到超乎自己想像的事件，就會認為那是命運、偶然、天命。然而，造就那般偶然或命運的，或許是友次先生「喜歡飛行」的執著和行動力吧。岩本大尉的命令、父親的叮嚀、祖先的庇蔭、母親對兒子的思念、嚮往天空的熱情，這些要素交織在一起，才成就了九次出擊、九次生還的奇蹟。這就是所謂的天命，而天命絕非自身一人能決定的。

可是我轉念又想，這個「萬朵隊」中最年輕的弱冠青年，雖然違抗上級的自殺命令，卻也沒有逃避戰鬥。這種努力求生的姿態，確實與「戰爭中的日本人」的形象相去甚遠。

第五次會面是十二月十一日，那一天友次先生的狀況不好，我們沒有聊多久。十二月以後，他的身體狀況愈來愈差。

友次先生的長女坂本美智子女士，也和我在醫院的談話室聊過。她說，父親很少主動提起特攻隊的往事，頂多夏天時偶然看到終戰特別節目，才會嘀咕著想去菲律賓一趟。他沒講過自己多次出擊又生還的故事，不過孩子的房間裡卻擺放著岩本大尉的照片。

美智子女士告訴我，或許她的父親確實與眾不同。我問道，佐佐木家的人是不是有一種倔強的脾性？她微笑著回答：「是呢。我上面的三個哥哥也是一樣，大家都說這一定是遺傳到父親，而我本人也是如此。」

第四章

特攻的真相

細說特攻隊

了解佐佐木友次的人生，也等於是在了解特攻隊的真相。經過詳細的調查後，我認為必須先搞清楚「特攻隊究竟是什麼」。特攻隊有分成「下令的一方」和「被命令的一方」，當我們在思考前述問題時，不把這兩者分清楚是沒有意義的；反觀特攻隊究竟是「自願」還是「命令」的爭議亦然，如果不弄清楚雙方的觀點，爭論其實沒有太大意義（儘管佐佐木友次等人會組成「萬朵隊」，顯然是出於「命令」）。

戰後有一部暢銷書叫《神風特別攻擊隊》，是由大西瀧治郎中將的部下中島正以及豬口力平所撰，他們正是下令海軍發動特攻的人。這本著作甚至被翻譯成英文，向全球宣傳壯烈的「神風」意象，將「飛行員積極主動加入特攻的行列，甘願為了祖國微笑赴死」的形象深植於當代人的心中。正如本書在第二章所提到的關行男大尉被指派為海軍第一批特攻隊隊長的經過，在《神風特別攻擊隊》之中也有描述。深夜，已經就寢的關大尉被叫到上級的房間；部隊的副長玉井淺一中佐伸手抱住關大尉的肩膀，輕輕拍了兩三下，向他說明現狀。

我們要在零式戰鬥機上搭載兩百五十公斤的炸彈，直接衝撞敵軍。（中略）這個攻擊隊的指揮官，我想讓你來當，你意下如何？

玉井淺一中佐眼泛淚光，詢問關大尉的意願，關大尉則是緊咬嘴唇沒有答話。（中略）關大尉閉起眼睛陷入沈思，一點動靜也沒有。──就這樣過了一秒、兩秒、三秒、四秒、五秒……

他的手稍微抽動了一下，將自己的頭髮往後撥，隨即抬起頭來說。

「請務必讓我來當。」

關大尉的口吻清晰明快，沒有絲毫猶豫。

海軍並沒有像陸軍的萬朵隊那樣，直接強迫將士參與特攻。或許有些人會說這就是「自願」了，然而在階級嚴明的軍隊之中，被比自己大兩級的中佐「含淚詢問意願」，我想很少有人敢直接拒絕。

直到戰後過了將近四十年的一九八四年，人們才知道書中對於當晚的描述全是謊言。後來遁入空門的玉井淺一曾對關大尉的初中同學證實，當時關大尉表明自己需要一個晚上的時間思考。那一天下著滂沱大雨，關大尉在昏暗的燭光下思量許久。

另外，根據《特攻的真意　大西瀧治郎為何下令「特攻」》（神立尚紀著，文藝春秋出版）書中記載，豬口參謀在戰後也曾對大西瀧治郎的前副官門司親德說過同一件事。當關大尉表明自己需要一個晚上的時間思考，玉井中佐卻說部隊編成不得再拖，萬一明天敵方機動部隊來襲，我軍就得派出特攻部隊應戰，同時再三強調大西長官的決心，不斷逼問關大尉願不願意接下重任。對此，關大尉只簡短地說了一句：「領命。」

這顯然是包裝成「自願」的「強制命令」，且手段愈是矯飾，就愈讓人覺得殘酷。

《神風特別攻擊隊》的謊言

《神風特別攻擊隊》這本書中對於其他隊員自願與否的問題，也同樣撒了謊。關於第一次召募特攻隊時的光景，豬口參謀是這麼形容的：

> 在我下令集合，向他們說明戰況和長官的決心後，所有人激動得舉雙手贊成。他們還很年輕，（中略）在只有一盞提燈的昏暗傳令室裡，他們炯炯有神的目光

展現出偉大的決心，那表情我至今依舊銘記在心。（中略）這是他們年輕澎湃的熱血，所自然湧現的激烈情操。

不過，戰後生還的浜崎勇一飛曹[36]指出，當時二十三名飛行員被突如其來的要求嚇到，所有人愣在原地，啞口無言。

「怎樣，你們到底願不願意捨命攻擊敵軍！」

玉井副官厲聲大喊，但隊員們都有自己駕駛戰機的驕傲與堅持。

眼看反應不佳，玉井副官猛然大吼。

「到底是去還是不去！」

這一吼，讓所有人反射性地舉起了手。但這與其說是個人意志，不如說是對突如其來的喝令所採取的反射動作。玉井副官看著眼前的光景，便說：「很好，我明白了。既然大家是自願加入特攻隊，就別再想些多餘的事了。」這就是所謂「全員自願」的真相（《敷島隊　邁向死亡的五天》根本順善著，光人社出版）。

36　譯注：日本帝國海軍的航空軍軍階，相當於下士官。

戰後，中島正宣稱後來的隊員選拔都是分發信封和信紙，有意參與特攻的人就填上自己的職級姓名，無意加入的只需直接把白紙放入信封，藉此確保當事人不會受到群體壓力的影響。然而，生還的隊員拆穿了他的謊言，證實隊員選拔並沒有依照這種程序進行，而是要求大家當場表明意願，有意加入的人從隊列往前踏出一步。換言之，中島完全沒有顧及個人隱私，最終所有人都屈服於壓力不得不踏出一步。

儘管生還的隊員如此證言，中島在戰後還是一直主張自己有給隊員在紙上表達個人意願的機會。他後來加入了航空自衛隊，高居第一航空團司令等要職，甚至還當上空將補[37]。

「下令的一方」編造的故事

《神風特別攻擊隊》是徹底站在「下令方」的觀點描述的故事。書中描寫特攻隊的志願者前仆後繼，所有人都爭先恐後地搶著出擊；中島參加酒會的時候，還會有部下催促他快一點下令出擊，或是在中島指名之前拉著他的褲頭，大喊務必讓自己參與特攻。甚至每天晚上，都有人跑到他的寢室表明出擊的意願。

對於那些隊員的心理狀態，中島是這麼形容的。

當事人一旦成為有去無回的特攻隊員，起初求生的執著和超越本能的無我情操會相互糾結，產生旁人難以想像的動搖。然而無論時間長短，最終他們都能克服內心的猶豫，掌握自己的真心，以平常心看待。

至此，隊員不論遇到任何事都能保持微笑和善的表情，以及清澄堅定的目光。或許這就是所謂開悟的境地，他們總是和顏悅色，讓其他人感覺到一種親近之情。

命令部下去死的指揮官，竟然用事不關己的推測口吻，寫出「旁人難以想像的動搖」這種話，實在令人匪夷所思。

顯然豬口、中島這些將領，根本沒有了解過部下的心境。部下的動搖究竟到何種程度？他們真正的想法又是什麼？到底能不能承受壓力？一個優秀的領導者，應該和部下談心，了

37 譯注：相當於空軍少將。

解他們的想法和狀態才對。可是，書中對於特攻的探討完全沒有深入「被命令者」的內心世界，視若無睹的程度令人嘆為觀止。所有的隊員都沒有展現過一絲苦惱，我回頭重讀還是覺得荒謬透頂。

這些人之所以不對隊員的內心世界多作描寫，甚至捏造關大尉的故事，原因其實可想而知。如果特攻隊員都是自願的，他們當長官的就不必承擔任何責任了。即便上位者有盡到勸阻的職責，但要是下屬搶著參與特攻，責任自然就不會落在長官身上；反過來說，如果特攻是強制命令，那麼戰後還苟且偷生的長官就會受到嚴厲批判。當初有很多長官都說，他們也會搭上最後一架飛機為國捐軀，絕不會讓隊員獨自犧牲。相較於在戰後自盡的大西瀧治郎中將，那些沒有膽量向他看齊的司令官幾乎口徑一致地主張「特攻是自願的」，與他們一點關係也沒有。

被搜括的遺書

二〇一二年八月二十八日，NHK的「今日特寫」節目播出了一則奇特的內容。事情的起因是在海上自衛隊第一術科學校的倉庫，竟然找出了大量特攻隊員的遺書。經過追查，才發現一九四九年（昭和二十四年）的時候，曾經有個男子四處向特攻隊員的家族追討遺書。男子自稱是特務機構的人員，要那些家族不可對外聲張此事。當然，戰後的日本其實早就沒有特務機構了。

被搜括的遺書共有一千多封，男子拜訪了兩千多名特攻隊員的遺族。不願交出遺書的人，必須當場抄寫一份副本繳交，而大部份的人也都照做了。節目中還介紹了一位第一次看到自己的哥哥所寫遺書的妹妹，由於父母已經去世，所以她並不曉得哥哥的遺書被交了出去。

這些重要的遺書，就這樣被遺忘在倉庫整整超過六十年。從遺書上蓋著「二復」兩個字可以得知，該名回收遺書的男子是根據從「第二復員省」獲得的情資，才去拜訪那些家屬的。第二復員省在實質上是由海軍改組後設立的組織，而和該名男子密切接洽的人，正是豬口力平。他們搜括遺書的用意究竟是什麼呢？

一九五一年（昭和二十六年），當時的輿論強烈批判軍部和特攻作戰，《神風特別攻擊隊》就好像是為了對抗這股風潮一般出版上市。書中引用了七封遺書，證明特攻作戰是出於前線士兵的熱切盼望，自願出擊的人前仆後繼。而這七封遺書，全都是當時回收的遺書。豬口在書中寫道，曾經有個叫近江一郎的精誠之士，走遍全國弔祭海軍特攻隊的隊員，以告慰他們在天之靈；這些遺書正是近江主動聯絡並寄給他的。這個「走遍各地悼念英靈」的人物，竟然自稱是特務機構成員，還不許家族對外張揚，也真是一樁奇聞。

節目還請到專家來解說為什麼會發生這樣的情況，其分析如下。

當時，許多人都認為只要再過十年海軍便能東山再起，也打從心裡希望重建從明治時代以來擁有無數輝煌歷史的海軍。既然如此，就還有唯一一根必須想辦法根除的心頭刺要處理，也就是海軍曾經提出了不顧軍人榮耀、不顧人性情操的特攻作戰，甚至還付諸實行。如果特攻隊員的遺書在各自的遺族手中，那麼他們的子子孫孫就會永遠記得自己的祖父和曾祖父是怎麼被害死的，這想必不是海軍樂見的事情。

以上是專家的意見。當然，事實如何沒有人知曉。

豬口認為，透過書中引用的遺書，即可證明那些隊員的心理狀態沒有受到戰爭影響，每個人的精神都出奇地鎮定。然而只要稍微調查一下就知道，隊員其實並沒有在遺書中寫出真心話；強調特攻是「自願」的人，儘管以遺書中充滿「自願、喜悅、熱忱」之情作為根據，卻忽視了隊員當時的處境。過去曾是特攻隊隊員的長峯良齊先生在其著作《二十歲青年面對死亡的真情　神風特別攻擊隊的手記》(讀賣新聞社出版)中指出，隊員的遺書會經由他人檢閱(通常是部隊的長官），所以隊員根本不敢寫出「不想死」之類的話。

那麼如果不會被長官看到的話，隊員們又會寫些什麼呢？作為其中一個例子，《陸軍特別攻擊隊》的作者高木俊朗先生就曾經請上原良司先生寫下自身「感言」，並瞞著軍部偷偷送給他的家人。當時，隸屬於「振武隊」的上原即將在隔天出擊，高木先生看他表情非常凝重，決定給他紙筆抒發一下情緒。

二十二歲的上原原本是慶應大學的學生，在政府下達學生動員令[38]後被選為特攻隊員。他在這時寫下的文章也被收錄在《聽，海神的聲音》[39]一書的序文中，非常有名。上原寫下了「自由陣營的勝利顯而易見」、「極權專制國家僅得一時昌盛，最終注定失敗。我等可從今次世界大戰的軸心國身上（以日本、德國、義大利三國為主的聯盟）印證這個道理」，接著寫到特攻隊員被當成單純的工具，說是自殺者也絕不為過，這種現象只有在精神主義至上的日本才看得到。隨後，上原吐露了自己的苦惱與想法，認為在這種精神狀態下出征，軍人當然會視死如歸，就像這篇文章開頭寫的一樣，把加入特攻隊視為一種光榮。

38 譯注：日本在戰爭末期，曾經動員中學以上的學生，進行糧食增產和軍需產業的工作，這稱為學生動員。

39 譯注：這是一本將二戰期間戰死的學生兵遺書彙整後編成的遺稿集，於一九四九年出版。

這份感言的開頭寫道，當上特攻隊員是無上的光榮。結尾則表示，明天這個世界將失去一名自由主義者，他的背影充滿寂寥，內心卻無比滿足。

豬口、中島等人大概從沒想過要傾聽上原的想法。《神風特別攻擊隊》這本書完全站在「下令者」的觀點，將特攻隊的事蹟宣揚至全世界。順帶一提，豬口力平和中島正二人一直活到平成年代，分別在八十歲以及八十六歲才離開人世。

受到庇護的菁英

「下令的一方」和「被命令的一方」之間，命運自然是大不相同，但其實「被命令的一方」的境遇也會受到階級高低的影響。第一章介紹的大貫少尉在接到徵召後提早半年從大學畢業，並透過陸軍的「特別操縱見習士官（簡稱特操）」制度當上了飛行員，接受一年多的速成教育。每天在「振武寮」痛罵大貫少尉的倉澤少佐在戰後接受採訪時表示，比起念過大學的「特操」，少年飛行兵更好控制。

「十二、三歲的小孩進入軍隊，比較容易進行洗腦或思想改造。趁他們還缺乏一般教養和常識的時候，禁止他們與外界接觸，再犒賞一些零用錢，減少回家探親的次數。只要在這種狀態下持續灌輸他們為國捐軀的信念，自然就會變成那種人了。」

二〇〇三年，距離戰爭已經過了五十八年，高齡八十六歲的倉澤少佐如今終於敢說出事情的真相。此外，他也表示自己對大學畢業生抱持著很複雜的心情。

「我跟他們年齡差不多，畢竟士官學校的教育期間比大學短（一般只有兩年）。所以那些大學畢業的特操飛行員，都覺得我們這種人年紀輕輕當上參謀，卻不敢親自參與特攻，只會拉他們這些平凡大學生去死。他們似乎認為不該讓有學識教養的日本人投入特攻，而是像我們這種只受過軍校短期教育，對經濟、政治、外交、國際關係一概不懂，只知道軍事韜略的人，才更應該被送去特攻隊。」

當然，大貫少尉等特操出身者，不可能對長官說出這些話。可是倉澤少佐卻有這樣的感覺，想必是自卑情結作祟，才總是對那些特操飛行員惡言相向。不僅如此，倉澤少佐因為害怕過去在振武寮得罪的特攻隊員或相關人士前來尋仇，一直到八十歲都持有防身用的手槍；等到邁入八十歲的時候，才前往附近的警局交出手槍。他還向警察撒謊，說那是他在日本戰敗時交給父親保管的，後來整理父親遺物時才偶然發現手槍的存在。

根據《神風》（丹尼士・華納、貝姬・華納著，時事通信社出版）一書的記載，海軍的特攻戰死者有兩千五百二十五人，其中預科練習生[40]佔了一千七百二十七人，海軍兵學校出身的菁英僅有一百一十人；有大學學歷並從「海軍飛行預備學生」當上預備士官和特務士官[41]的戰死者則為六百八十八名（其他資料顯示，特務士官才二十名左右，犧牲的幾乎都是預備士官）。

另一方面，陸軍的特攻戰死者為一千三百八十八名，主要犧牲的也是大學畢業的特操飛行員，還有一九四三年以前入伍的少年飛行兵（下士官）。雖然海軍的戰死者資料如此詳盡，陸軍的官方紀錄卻沒有留下明確的數字。

身為特操飛行員的大貫少尉，曾在戰後向厚生省復原局詢問「特操一期生」的名冊，結果官方什麼資料也沒留下。特操總共有四期，光是一期生就有兩千五百人入伍，但這麼多人卻連半點資料都沒有，令大貫少尉感到無奈又心寒。資料消失得如此一乾二淨，甚至讓人不禁懷疑是不是戰敗時全都故意燒掉了。大貫先生寫道：「特操飛行員是犧牲人數最多的，但陸軍只把我們當成消耗品，讓我心中再次湧上一股怒火。」

這種保護自家菁英、推年輕人去送死的作風，海軍也不遑多讓。被派去參加特攻的多半是二十歲左右的預科練習生，還有學生出身的預備士官。在所有特攻戰死者中，預備士官佔了百分之二十五，相當於全部士官犧牲者的百分之八十到百分之八十三；至於海軍兵學校出身的菁英才佔全體的百分之四，以士官犧牲者來說只佔了百分之一到百分之一．四的比例。

曾經有特攻隊員在撞擊美軍船艦前，透過無線電痛罵「海軍王八蛋」，其動機便是出於無法原諒海軍包庇自家菁英，專派學生出身的飛行員和年輕下士官去送死的差別待遇。此外，根據《預科練甲十三期生　落日榮光》（高塚篤著，原書房出版）一書所述，甚至有預備士官在出擊前拿酒瓶扔向士官宿舍的窗戶，怒聲喊道：「安納波利，給我出來！你們在這場戰爭中究竟發揮了什麼作用？真正在沖繩海域奮戰的還不都是預備生和預科練！」（「安納波利」一詞是用來暗諷那些海軍兵學校出身的菁英，因為美國的海軍學校位在安納波利斯。至於日本的海軍兵學校位於廣島縣的江田島，但總不能直接叫他們「江田島」吧。）

出自海軍兵學校和陸軍士官學校的菁英不僅是海軍和陸軍自家的子弟兵，也是組織的核心人才，因此愈到戰爭後期，雙方就愈是盡量避免派遣這些菁英參與特攻（話雖如此，陸軍相對來說還是比較敢派士官出戰，這或許是因為陸軍較不了解航空戰力的重要性，以及資深飛行員的價值。）

40 譯注：從民間召募十四到十七歲的少年，進行三年的教育訓練。依照當事人學歷，有分甲、乙、丙三等。

41 譯注：預備士官就相當於台灣的預官制度。特務士官則相對特殊，是從軍隊的基層中挑選優秀人才作為士官的制度。

洗腦

關於特攻究竟是「自願」還是「命令」的疑問，其實只要參考隊員而非司令官留下的手記，就不難發現那是佯裝成「自願」的「命令」了。有些人像佐佐木友次先生一樣接到明確的「命令」，也有人是被迫服從上級指示「自願參加」，但這終究不是自發性的。還有一種情況是長官會不斷逼問部下的意願直到他們答應為止，這也屬於「命令」，而不是「自願」。當然，真的自願參加的也是大有人在；正如倉澤少佐提到的，像是陸軍的少年飛行兵學校的出身者或是海軍的預科練等從十幾歲就接受數年軍人教育的年輕人，講好聽一點叫單純，換個說法就是除了軍隊的思維以外什麼都不懂。只要上級告訴他們特攻是最好的方法，這些不知道其他思考方式的人便會照單全收。

話雖如此，也有不少菁英士官從技術的角度反對特攻，好比岩本大尉就是一例。岩本大尉這些菁英士官都是熱愛祖國和效忠天皇的人，但這不代表他們願意無條件支持「毫無意義」的特攻作戰。至於預備士官和特操這些讀過書的年輕人，沒有受到軍隊思維的影響，擁有獨立思考和批判的知性。因此他們相當煩惱，難道除了特攻沒有其他辦法嗎？戰敗早已成定局，持續特攻到底有何意義？為什麼被選上的不是菁英士官，反而是自己？

《神風特別攻擊隊》一書中，豬口發表了以下的評論，可能是他閱覽搜括來的遺書所得出的結論吧。

整體來說，下士官的遺書比較單純，內容也很相似。奇怪的是，海軍兵學校出身的士官，鮮少有人留下遺書。或許是他們平時就有為國捐軀的心理準備，所以在人生的最後也沒什麼需要寫下來的感慨。（中略）反觀學生兵的遺書，他們對自己複雜的心理狀態有所自覺，遺書中也多有真情至性。

依我個人所見，那些軍校出身的菁英不過是把被灌輸的軍隊精神和反對特攻之間的矛盾心情全部忍下，選擇了沈默以對。此外，《沈痛的真相　虛構的特攻神話》（小澤郁郎著，同成社出版）一書中則這樣寫道：

自發性參加自殺特攻的意願，當然與其有效性的信用程度是成正比的。從自殺特攻的種類來看，回天特攻（單人駕駛的自殺式魚雷，前端附有一．五噸的炸藥）的自願參加比例一直都最高，再來才是海軍飛行特攻以及陸軍飛行特攻。以時期來劃分的話，特攻初期的自願率最高，愈到後期就愈低；另一方面，擁有實戰經驗、技術高超或是高學歷的將士通常都對特攻抱持批判態度，年紀和學歷較低者則比較積極。

推諉卸責

對於那些「被命令」的特攻犧牲者，我只有無限的惋惜。這當中也包括那些「自願」參加特攻的人，我懷著深切的敬意與哀悼，希望他們的英靈能夠安息。但如果要問「特攻隊員是不是白白犧牲？」我認為這個問題本身就是對死者的褻瀆。死亡是一件很嚴肅的事情，不該以有用或無用的「效率觀點」來看待。一切死亡都令人無比沈痛，這是我們不該遺忘的教訓。身為一個日本人，我們應該永遠銘記那些特攻戰死者，持續替他們的靈魂祈福才是。

不過，追究「下令的一方」就是另外一回事了。戰後，東久邇宮首相曾表示日本全體上至軍人官員、下至百姓都應該徹底懺悔反省，並強調這是重建日本的第一步，也是全國團結的第一步，以所謂的「一億總懺悔」論來解釋戰敗責任承擔的問題。如此荒謬的言論顯然是把「下令者」和「被命令者」混為一談，畢竟任何團體都會有領袖和部下，而責任就應當由「下達指示的領袖」承擔；如果服從命令的部下也必須負責的話，那麼「責任」二字就形同沒有意義的空話。要全國人民負責就代表連嬰兒和小孩都有責任，這簡直是滑天下之大稽。況且，「軍人」、「官員」、「百姓」之間的立場有別，一介兵卒和將軍不可能負起相同責任，更別說是一介下級官僚和政治家，或者拿大公司的社長和區區職員相比。特攻也是同樣的道理，決定發動特攻的人、推行特攻作戰的人、反對特攻的人、執行特攻戰死的人，本來就不可能背負同樣的責任。

「一億總懺悔」對當時的領袖來說是很投機的思維，偏偏又獲得了國民一定程度的支持。出於體諒上意的溫馴民風，日本國民確實重新反省自己也有責任，然而這麼做卻只是在模糊問題的焦點，埋下了重蹈覆轍的可能性。把「下令者」和「被命令者」混為一談，其實與放棄思考沒有兩樣。

東久邇宮稔彥王。（照片為脱離皇籍前，日本國立國會圖書館提供）

豬口在介紹遺書的過程中寫道，不論世間如何批判神風特別攻擊隊，他只祈求那些為國捐軀的年輕人最終都能夠獲得救贖。由此可見他完全沒有把自己當成「下令的一方」，還假裝與那些特攻隊員站在相同立場，而不是挑選特攻隊員，命令他們去送死的人。說得難聽一點，豬口試圖藉此把輿論的矛頭從對自身的批判轉移到特攻隊員身上，畢竟人們不會去批判英靈，自然就意味著他也能逃過一劫。我們不曉得他這樣寫究竟是有意還是無心，因此我認為無條件稱頌那些特攻隊員，把他們視為「英靈」或「軍神」的做法必須有個限度，否則會讓「下令的一方」的存在變得模糊。愈是將特攻隊員推崇為「英靈」或是「軍神」，就等於是在間接讚賞那些特攻的推手。

特攻隊員的戰死無關名譽好壞，都是嚴肅的犧牲。同時也是日本民族不該遺忘的，應該銘記在心的犧牲。

「非常願意、願意、不願意」

「被命令的一方」所受的遭遇不只和階級高低有關，也與接到命令的時機有關。換句話說，這決定了他們要參加的是菲律賓戰役，還是沖繩戰役。一九四五年（昭和二十年）四月一日，美軍登陸沖繩之際，陸海軍部次長之間召開了「昭和二十年度前期陸海軍戰備相關會談」，並做出「陸海軍全機特攻化」的決定。在菲律賓戰役中屬於「特別作戰」的自殺攻擊，到了沖繩戰役已經變成「主流」；也就是說，軍部公然宣告他們要放棄正規戰術，採用「不入流的旁門左道」。

《不為人知的特攻基地・串良 「特攻」生還隊員的告白》的作者桑原敬一先生在書中寫道，其實對特攻隊員來說，是「自願」或「命令」根本不重要。桑原先生在十八歲時被選為特攻隊飛行員，好在出擊時機體故障，迫降後僥倖撿回一命。至於為什麼說不重要呢？據桑原先生所言，後期的特攻部隊表面上是各個航空隊用各自的方法進行遴選，實際上卻是毫無置喙餘地的強制命令。

大貫少尉就曾經拿到一張意願表，上面列著「非常願意、願意、不願意」三行文字，並且被要求在上面填入自己的職級姓名，圈選答覆後提交。在發下意願表之前，司令官還花了三十分鐘的時間演講，期待他們能主動參與特攻任務。

這份三選一的意願表，其他特攻隊員的手記裡也有提到。儘管有人圈選了「不願意」，隔天司令官竟然說所有人都展現高度意願，讓他甚為感動；更有人在表態「不願意」之後被長官叫去重新圈選。

對於預備學生，軍部至少還有詢問他們的「意願」。反之對預科練習生則採取相當高壓的態度，有的長官會直接斷定所有人都有意願並進行指名，也有的嘴上說要徵求自願者，一旦看大家都沒有反應就不斷飆罵「真的沒有人自願嗎！一個都沒有嗎！」，直到全部人都舉手為止。總之，那些長官把自願視為理所當然的前提，直接對全體部隊下達強制命令。

既然說要「全機特攻化」，隊員自然會嚴重不足。由於無法反覆出擊，隊員人數只會不斷減少，因此更有必要持續編列特攻部隊；只是被指名參與特攻的都不是海軍或陸軍的菁英份子，而是學生出身的將士或年輕下士官。

在《神風特別攻擊隊》一書中也提到，沖繩作戰時特攻隊的編成狀況與以往菲律賓或臺灣戰役的狀況稍微不同。就連身為「下令者」的豬口和中島，此時也不得不用「稍微」這兩個字來形容挑選隊員的真相了。書中還聲稱，後來美軍的B29轟炸機大隊空襲日本本土，戰場頓時化為人間煉獄，除了發動特攻以外別無對抗之道，因此過去的自願制度已不符合戰況所需。有愈來愈多將士出於一時的激情自願參與特攻，也有部份的飛行員似乎受到大環境的氣氛影響，表面上自願參與，其實是被近乎命令的「自願」逼迫，才成為特攻隊員的。這裡再次出現了「似乎」兩字，給人一種事不關己的推測語氣。寫下這段話的中島如果不是在自我辯護，而是發自內心這麼想，那麼只能說他完全沒有擔任領袖的資質，也缺乏同理心。即便是在軍隊裡，這種人的存在還是令人心寒。

總而言之，下令的一方儘管在菲律賓的戰役中還可以辯稱特攻是看個人意願，但到了沖繩戰役卻不得不承認選拔方式「稍微」有所改變，只不過書中對此並沒有做更進一步的描述。這背後明明隱藏著特攻的真相，豬口和中島卻隻字未提。

偽善之姿

在沖繩戰役中，讓「被命令的一方」更悲慘的是，他們幾乎沒有完善的特攻機體可用。振武寮的倉澤少佐曾在戰後訪談中講明，「軍隊一定是把完善的飛機優先給戰鬥部隊使用，而不是特攻隊。所謂的戰鬥部隊是以天皇名義編成的部隊，就算同樣是死，他們在名義上是為天皇而死，所以不可能給他們老舊破爛的飛機。讓特攻隊駕駛飛機自殺其實並不符合戰爭的邏輯，但當時根本沒人敢這麼說。」

沖繩戰役中的特攻行動所使用的飛機多半機體或型號老舊，甚至還有機翼的翼面是用布料做成的練習機。儘管司令部宣稱駕駛這些飛機出擊的特攻隊員很英勇，負責整備飛機的隊員卻止不住哭泣。根據《預科練甲十三期生　落日榮光》一書中記載，那些被分配到布翼練習機的年輕預科練習生都希望起碼能駕駛零式練戰（練習用戰鬥機）赴死，這讓只能眼睜睜看著這群年輕人開著破飛機送死的整備員們不禁悲從中來。無論怎麼想，這些少年的精神力再強韌、愛國情操再高貴，也不可能有什麼輝煌的戰果；畢竟戰爭是很現實的，美軍戰鬥機和練習機的性能差異實在太大，這點他們比誰都還要清楚。

在《別冊一億人的昭和史　特別攻擊隊　日本戰史別卷4》（每日新聞社出版）這本書中收錄了預備學生出身的杉山幸照少尉留下的手記，題為〈惡夢的墓碑〉，他這樣寫道：

> 特攻隊員幾乎都是預備學生或預科練習生。
>
> 很多人以為特攻隊員在第一線享有食宿上的特殊待遇，對此我感到十分驚訝。特攻隊員的宿舍，（中略）說是地獄也不為過。（中略）宿舍的屋頂千瘡百孔，雨水漏得到處都是，隊員們只能抱著毛毯縮到角落躲雨休息。如此悲慘的景象，你們想像得出來嗎？
>
> 在出擊赴死之前，有哪一個參謀曾經願意放下身段與特攻隊員親密交談？又有哪一個參謀願意向特攻隊員低頭，說著「我知道這很不合理，但請你為了國家

犧牲吧」，誠心表示歉意？面對圍繞著陰鬱氣息的特攻隊員宿舍，他們根本連窗戶邊都不願意靠近。預備學生因為不具備高度的軍人精神和駕駛技術遭到嫌棄，就這樣被迫搭上連起飛都有問題、狀態不良的零式戰機出擊。

我很明白好友是懷著何種心情死去的，因此至今還是無法原諒那些海軍高層。（中略）這場戰爭中真正應該被究責的傢伙，每次都會參與戰死者的慰靈儀式，對著犧牲的英靈致敬流淚。事到如今，他們依然頂著偽善的嘴臉，讚揚特攻隊員的英勇，慰勞戰死者的家屬。厚顏無恥的行徑，實在令人憤恨。

這段文章撰寫於一九七九年，就算距離戰爭已經過了三十四年，杉山少尉還是無法原諒「下令的一方」。

不成熟的年輕飛行員

初期的特攻隊都是挑選資深的飛行員，好比「萬朵隊」、「富嶽隊」、「敷島隊」等皆是如此。然而到了沖繩戰役，被選為特攻隊員的都是資歷尚淺的飛行員，這些年輕人多半是出自預科練習生、預備士官、特操、或是少年飛行兵。據說，不少非軍校出身的資深士官會四處放話說，誰敢選他們當特攻隊員，他們就要讓對方好看；而任命人選的長官，也確實有必要留下資深飛行員保護日本本土。到頭來，被選為特攻隊的年輕飛行員，飛行時數都只有三百到五百小時，當中甚至有些人只有一百小時，才剛學會起飛和降落而已。一般來說，飛行員要經過三年的訓練，平均累計約一千小時的飛行時數。友次先生不記得自己的飛行時數，但他從十七歲開始受訓，每天都很努力練習，算起來少說也在兩千小時以上。

根據陸軍王牌飛行員田形竹尾的著作《空戰　飛燕對格拉曼》（光人社出版）所歸納的「戰鬥機操縱者戰力一覽表」，飛行時數兩千小時的飛行員屬於「可作為指揮官或僚機發揮戰力」的級別；六百小時到一千五百小時的飛行員則是「可作為僚機參與作戰任務」，推測「萬朵隊」的其他下士官應該都是屬於這個級別。至於三百小時的飛行員被歸類在「不可參與作戰任務」，一百小時更是連談都不用談。

更何況，「自殺攻擊」其實並不容易。飛行員必須躲避美軍猛烈的砲火，以超低空飛行接近敵方艦艇；無論是先急速上升再急速下降，或是從高空俯衝發動攻擊，都得一邊維持切入角度，一邊瞄準敵方船艦的軸線，同時預測船艦蛇行迴避的路線，而且風向和風速也會影響俯衝的角度。若是切入角度太淺，機腹容易被敵人的砲火打中；切入角度太深，操縱就會變得難上加難，有可能直接撞上海面或飛越敵方船艦。可見使用自殺攻擊，沒有一定程度的技術是無法成功的。

然而，像富永司令官這一類沒有空戰經驗的參謀，卻只憑著毫無根據的猜測就下達命令，以為自殺攻擊比投落炸彈更容易。無論表面上講得多麼冠冕堂皇，那些讓飛行時數嚴重不足的飛行員開著破爛飛機出擊的長官儼然就是把年輕生命當成一種消耗品。而他們對於自己提出的戰術究竟有幾分自信，也實在令人懷疑。

特攻的有效性

有一些人會以「特攻是有效的」，來作為替那些「下令者」辯護的論點。他們認為對「下令的一方」而言，採用有效的戰法是理所當然的事，但我個人認為就算「自殺攻擊」真的有效，也不該下達這樣的命令。

在對珍珠港發動攻擊之際，司令官山本五十六曾經一度否決雙人乘載的特殊潛艇出擊，理由是軍隊不該採用沒有生還可能的攻擊方式。直到部下再三要求出擊，並且提出具體改善方案，提高了隊員生存率和收容方法，他才同意採用該方案。山本五十六認為就算是在非常時期，身為領袖也不該同意以犧牲為前提的攻擊方式。

士兵遭受敵人攻擊，在自知無望生還的情況下發動特攻，這與組織公然命令士兵去死是完全不一樣的。況且這種情況並非「九死一生」，而是「十死零生」的命令。正如好萊塢電影偶爾也有主角搏命拯救同伴的情節，例如用手動引爆炸彈摧毀撞擊地球的彗星，不然就是與怪獸或外星人同歸於盡等等。這些設定看起來確實感人，但自己選擇犧牲，與一開始就被迫赴死有根本上的不同。

岩本大尉期望實行的「跳彈轟炸」其實在菲律賓海海戰以後，由於美軍採用了近發引信（VT）而幾乎變得不管用。所謂的近發引信是指在砲彈內設置無線電波發射器，當目標來到十五公尺以內，就會產生反射電波引爆炸彈。過去的撞擊引信炸彈要擊中目標才會爆炸，至於定時引信則是在發射後的兩、三秒才會爆炸；相較之下，近發引信不必擊中目標，也不受爆炸時限的影響，一旦有飛機通過砲彈附近就會瞬間引爆，以彈體碎片破壞機體。自從美軍開始使用近發引信後，日軍的飛機損傷慘重，再加上美軍艦艇搭載的四十公釐高射砲每秒可擊發四．七發砲彈，而通常一艘驅逐艦會搭載二十挺高射砲，使得日軍要接近發動跳彈轟炸更加困難。問題是，再怎麼困難可能性也不是零，至少飛行員還是有可能成功轟炸敵軍，順利活著回來，這才是岩本大尉熱切期望軍部採用的原因。反觀自殺攻擊完全沒有生還可能，也因此產生了「十死零生」之說。

即便身處戰爭的非常時期，軍部也不該採用毫無生還可能的作戰方式。再怎麼不利、再怎麼被逼到絕境，領導者也該謹守有所不為的分寸，彰顯人類應有的智慧。例如一九二五年簽訂的《日內瓦公約》禁止使用毒氣攻擊，一九七二年的《禁止生化武器公約》，還有一九九三年的《禁止化學武器公約》，在我看來都是很好的例子。

以謊言掩飾謊言

然而，有些人仍主張特攻是求勝的必要手段，國難當前豈是談論道德的時候？既然如此，接著我們就來檢視一下「特攻是否真的有效」。

關於特攻機體的數量、掩護戰機的數量，乃至撞擊敵軍的次數、未歸還的飛機數量以及戰死者人數，海軍都有留下詳實的紀錄；陸軍則和前述一樣，沒有留下完整資料。在《沈痛的

真相　虛構的特攻神話》一書中有針對各種資料的數據進行比對，推敲出一個比較可信的推論，但各個數字之間還是有不小的落差。由於書中記載的特攻戰果是以美方的資料為準（《第二次世界大戰美國海軍作戰年誌》是最正確的資料），因此當中沒有提到協同作戰的英國海軍以及澳洲海軍蒙受的損失；除此之外，海軍徵用的船隻、陸軍運輸船、步兵登陸艇等陸軍相關的損害，也同樣沒有列入記載。

作者小澤郁郎先生便是以這份資料為依據，在已知的範圍內進行分析。結果每一份資料都明白顯示，特攻從未擊沈正規空母、戰艦或者巡洋艦；雖然確實有三艘護航空母遭到擊沈，但護航空母的脆弱程度，我們在第二章已經有提過了。被擊沉的十三艘驅逐艦儘管兼具機動性和攻擊力，船身構造卻相對單薄，排水噸數只有艾塞克斯級（Essex-class）航空母艦的十二分之一，密蘇里級（Missouri）戰艦的二十分之一。

接下來才是問題所在。特攻要達到「擊沈、擊破」的效果才算數。擊沈（「放棄」或「處份」船隻也算在內）的意義很明確，擊破則有分大破、中破、小破（或損傷）這幾類。「大破」光看字面上的意思就很好理解，即船隻雖未沈沒，可是必須進行大修，否則無法投入戰鬥或航海；「中破」是比較輕微的損害，「小破（或損傷）」則有可能是船上天線折損，或甲板輕微破損等等。一直以來，關於「特攻是否有效」的統計資料，都有把「小破（或損傷）」算在內。另一方面，統計資料把比驅逐艦更小的船隻分為「其他艦艇」和「登陸用、運輸用」，其中「其他艦艇」又分成掃雷艦、魚雷快艇、布雷艇等等，至於「登陸用、運輸用」顧名思義就是登陸和輸送的船艦。

日方負責統計特攻資料和製作圖表的人，幾乎都對「特攻」抱持肯定態度。儘管會有程度上的差異，有人把特攻看成是日本的驕傲，也有人認為特攻不是錯誤的作戰方式，但總之誰也不曾批判特攻。他們把「其他艦艇」和「登陸用、運輸用」的「小破（或損傷）」也算成特攻的戰果，導致數字被大幅灌水。舉例來說，某份統計資料顯示從護航空母到驅逐艦共有十六艘沈沒，其餘擊破的（大破和中破）有二十七艘，小破（或損傷）為七十二艘；「其他艦艇」和「登陸用、運輸用」則有七十四艘沈沒，另擊破（大破和中破）五十九艘，小破（或損傷）竟高達三百艘（引用自《沈痛的真相　虛構的特攻神話》）。

作者小澤先生表示，這裡的「小破（或損傷）」是把幾乎沒有損傷的船艦也算了進去。這份分析想要檢視的問題不在於特攻隊的自殺攻擊是否有效，而是「下令的一方」究竟有沒有掌握到實際戰況。那些著述留下特攻隊紀錄的人，大多都有從軍的經驗；他們是不是故意把其他小型船隻的輕微損傷也算進去，灌出三百艘這樣的數字？

小澤先生認為，如果小船破損輕微，只要重新塗漆即可維修完成，既然如此這樣的微損根本不該計入戰果之中。用這種方式計算等於是在模糊特攻的本質，真正該看的並非擊沈數量，而是換算擊沈的船艦噸數。假設排除掉「登陸用、運輸用」的類別進行統計，那麼特攻隊真正擊沈的船艦噸數只相當於一艘正規空母（排水噸數三萬八千噸），而正規空母才是特攻隊本來的作戰目標。這便是書名提到的「沈痛的真相」，依小澤先生所見，把擊沈的船艦數量直接當成戰果，未免有失公允。

某海軍參謀撰寫的書中主張美軍喪失的船艦多達一百二十艘，其中有四十五艘是「神風」擊沈的，相當於全體的三分之一，所以「神風」確實獲得了巨大的戰果。但小澤先生表示，海軍相關人士竟然無視常規的計算方法，不看排水噸數和船艦大小，只看擊沈的船艦數量，這未免太過詭異了。在重新計算過擊沈的噸數後，他發現真正擊沈的比例甚至不到百分之十。

真正的命中率

命中率的問題同樣會因為參考資料和看法不同，導致數字出現大幅變動。過去命中率普遍是以「命中」和「近距離衝向敵艦」這兩項一起計算出來的。「命中」正如字面上是指直接擊中敵方船艦，至於「近距離衝向敵艦」其實就是「不確定到底有沒有擊中」的意思，且通常容易造成「小破（或損傷）」。對於那些肯定特攻作戰的人來說，把「近距離衝向敵艦」也納入計算是理所當然的事。

小澤先生經查閱和分析各項資料，發現在菲律賓戰役的命中率為百分之十一，沖繩和本土作戰的命中率是百分之五。若加上「近距離衝向敵艦」的數據，則菲律賓戰役的命中率是百分之十五・七到百分之十八・九，在沖繩和本土的命中率是百分之八・六到百分之九・九。順帶一提，一般來說根據過往的統計方式，菲律賓、臺灣、硫磺島之戰合計起來的命中率有百分之二十七・一（硫磺島之戰的命中率偏高，根據小澤先生的計算，加上「近距離衝向敵艦」的話可達百分之三十七・九），沖繩戰役為百分之十六・五。兩相比較之下，可謂差異懸殊。至於理由和前面提到的一樣，較高的數字有把「其他船艦」的「小破（或損傷）」算進去。但按小澤先生的說法，「微損」根本稱不上戰果。

主張特攻有效的人宣稱，海軍特攻機體的命中率超過百分之十八，加上陸軍特攻機體也還超過百分之十五。實戰中砲彈和魚雷的命中率，就統計上來說才百分之三左右，換句話說「特攻的戰果幾乎是十倍以上」（引用自已故大西瀧治郎中將傳刊行會的《大西瀧治郎》一書）。

對此，小澤先生提出異議。根據美國關於珍珠港事件的紀錄，日本軍機的魚雷命中率超過百分之五十五・三，水平轟炸超過百分之二十四・四，俯衝轟炸也有百分之四十九・二以上，只不過這是奇襲靜止目標才有的數字。到了馬來亞海戰，魚雷命中率為百分之四十・八，水平轟炸只剩百分之七・七；珊瑚海海戰中，俯衝轟炸對列星頓空母(USS Lexington)的命中率達百分之五十三，對約克鎮空母(USS Yorktown)的命中率高達百分之六十四。

就結論而言，小澤先生無法肯定「自殺攻擊」的「軍事效率」。理由之一是特攻具有絕對的犧牲損耗性(意思是人力物力會持續減少)，再者把小船的微損當成戰果也有問題。特攻沒有擊沈過巡洋艦以上的船艦，就意味著自殺攻擊的破壞力並不高；就算命中率真的很高，破壞力卻是出乎意料地低(請參照第二章，這關乎飛機本身的揚力問題，以及機體的脆弱程度)。

況且，我不能理解「下令的一方」以「命中率」來分析特攻的原因。佐佐木友次先生九次出擊，兩次投落炸彈；一次在近距離爆炸，另一次直接命中。這是他出擊了好幾次才勉強得到的成果，相較之下特攻只有一次機會，無論如何出擊一次的命中率都不可能與多次出擊的俯衝轟炸相提並論。就算俯衝轟炸的命中率再低，多次出擊多次轟炸的命中率也不一定會比一次自殺攻擊的命中率還低吧。這種做法顯然是放棄了正規的戰術，故意採用旁門左道。

認清現實的能力

對於「下令的一方」我還有一點無法理解。從菲律賓戰役打到沖繩戰役，他們明知「特攻的效果」顯著下滑，為什麼還執意採用特攻作戰？

第二章有提到，美國很快就想出了應對特攻的辦法，例如增加艦載式戰鬥機，在空母前方六十海里處(約一百一十公里)配置雷達哨戒艦，藉此組成銅牆鐵壁的防禦。不管日軍從哪個方位來襲，雷達都會偵測到特攻機體的高度、距離、水平方向等等，交由情報中樞進行綜合分析。因此，美軍有辦法在日軍抵達的半小時以前獲得情資並派出戰鬥機事先埋伏，再從上方突襲將特攻機逐一擊落。只不過，當時的雷達還不夠先進，無法準確掌握特攻機體的數量；因此美軍戰機無暇應付的特攻機體就會飛到雷達哨的最前線攻擊驅逐艦，而這也正是許多驅逐艦會被擊沈的理由。

美軍採取嚴密的防禦措施，導致特攻機體穿越雷達網接近美軍船艦的難度已經比菲律賓戰役還要高出許多。加上近發引信的登場，更敲響了日軍的喪鐘。戰況已是不可同日而語，然而「下令的一方」依然不改先前的命令，而且只提供破舊的飛機給那些缺乏經驗的年輕飛行員執行特攻。

日軍司令部無視命中率大幅下降，把菲律賓戰役中的命中率視為「無可動搖的事實」，並以此為根據來訂立作戰計畫。這代表他們已經沒有冷靜判斷現實情況的能力了。

持續特攻的真正理由

那麼，軍部明知命中率低落，為什麼還要一再派遣經驗不足的飛行員，搭乘破舊的飛機發動「特攻」呢？

《修羅之翼　零戰特攻隊員的真情》（角田和男著，光人社出版）這本書是資深的零式戰機飛行員的自傳性戰史，當中其實不乏驚人的描述。作者角田先生雖然服從特攻命令，卻一直都抱持著批判的態度。一九四四年十一月下旬，雷伊泰島的戰況加劇，角田先生因此被選為特攻隊的一員；當小田原俊彥大佐問他是否明白特攻隊成立的目的，角田先生只回答說他對特攻的宗旨略有耳聞，但還是不明白為什麼要這樣做。於是小田原參謀長開始談起了號稱發起特攻行動的大西瀧治郎中將的故事。

大西長官來菲律賓以前曾在軍需省[42]任職，他比誰都清楚日本的戰力，也曾言明日本不能再繼續打仗，必須盡快求和。若能在雷伊泰逼退敵軍，或許還能談到七三分的條件，但也是敵人七分，我方三分，可見日本已經被逼到這種地步。這件事情在大西長官離開東京時已經暗地取得海軍大臣和高松宮親王[43]的認可，所以他不得不發動特攻，把菲律賓作為最後的戰場。

小田原參謀長說，此事大西長官只告訴他一個人。由於發動特攻需要參謀長的協助，因此大西長官只把特攻的真意告訴參謀長，而且不准他告訴任何人。不過，參謀長無法忍受自己的學生死得不明不白，所以才把整件事據實以告（小田原參謀長過去在飛行學校是角田先生的教官。）

大西長官也不是笨蛋，他當然知道要用特攻戰術守住雷伊泰幾乎是不可能的。那麼，為什麼明知無法成功還硬要推行呢？這中間似乎有兩個可以相信的依據。

其一，萬世一系的天皇陛下仁愛治國，一旦得知此事（以特攻戰術防守雷伊泰），必定會停止戰爭。

42 譯注：二戰後期，日本的戰況不利，為了增加軍需生產所設立的新單位。

43 譯注：高松宮宣仁親王，昭和天皇之弟，曾於軍令部的作戰課擔任參謀。

其二，不論停戰後求和的結果如何，只要留下年輕人捨身救國的事實，以及天皇陛下於心不忍而停戰的歷史，那麼千百年後日本一定復興有望。

天皇陛下若主動宣示停戰，再霸道的陸軍和青年將校也不得不遵從，除此之外沒有其他拯救日本民族的辦法了。

角田先生聽完這番話深受感動，他不再懷疑特攻作戰，也深信這是唯一的救國之道。只不過天皇陛下究竟能否體察大西長官的用心良苦，就不得而知了。

大西瀧治郎中將。（朝日新聞社提供）

角田先生還在書中寫道，後來戰況的推移確實如大西長官所料，除了天皇遲遲不肯中止戰爭以外。到頭來，小田原參謀長戰死、大西中將切腹自盡，知曉此事的人只剩下角田先生。戰後，角田先生無法忍受大西長官的真意不為世人所知，所以他寫了一封信給當天晚上也在場的另一名長官，想確認一下自己聽到的究竟是不是事實，畢竟他聽說那位長官的身體也快要不行了。該名長官的妻子接到信以後，表示丈夫一句話都不肯說，因此角田先生沒能得到他想要的答案。

如果角田先生死於特攻，這件事將永遠不見天日。大西長官的真正意圖究竟為何？這是他堅持特攻的理由嗎？如今真相已無人知曉。

天皇與特攻

據傳天皇從及川古志郎軍令部總長那裡聽到關大尉率領的第一批特攻隊「敷島隊」的報告時，表情顯得十分凝重，隨後用低沈的嗓音感嘆「想不到已經要用上這種手段」，並讚賞隊員的表現。另有證詞指出天皇中間還說了一句「甚為遺憾」，似乎顯示出他並不贊成特攻。後來米內光政海軍大臣上奏戰果時，據說天皇也語帶強硬地表示「戰爭打到這個地步實屬遺憾」，接著感念「神風特別攻擊隊勞苦功高，隊員的犧牲令人扼腕」。

在戰後進行的研究顯示，昭和天皇曾多次想制止軍部失控的行為。依照大日本帝國的憲法規定，法律上只有天皇有干涉軍部的權限，然而這代表天皇必須直接和失控的軍部對立，且當時的制度並無法保護孤立的天皇與軍部抗衡。撰寫過諸多昭和史相關著作的保阪正康先生曾於二〇一四年在日本記者俱樂部這麼說道：

「昭和天皇並不是個好戰主義者，但也當不了和平主義者。昭和天皇最重視的是『維持皇統』，這一點比任何事都還要重要。」（引用自矢部宏治撰文、須田慎太郎攝影《沒有戰爭的國家　明仁天皇的訊息》，小學館出版）

昭和天皇把維持皇統（維持天皇制）視為最重要的課題，而這同時也是他的責任。從當時的史料來看，昭和天皇不僅無法控制軍部的激進主義，就連他身為天皇也能具體感受到軍部帶來的威脅。

順帶一提，在角田先生的著作中有提到許多關於中島正的軼事，也就是前面提到的《神風特別攻擊隊》一書的作者。其中有一則描述角田先生看到一名陌生的大尉，正面有難色地懇求中島。

「飛行長，要我犧牲性命去衝撞棧橋，這未免太不近人情了。就算是空的船艦也沒關係，好歹讓我把撞擊目標換成運輸艦啊。」

該名大尉似乎是接到中島的命令，要他駕機衝撞獨魯萬的棧橋。

中島聽到大尉的請求後立刻破口大罵。

「少跟我抱怨了，特攻的目的是要你們去死，不是求得戰果！」

被罵的大尉只好悻悻然地離開。

這一道命令應該與大西長官的本意沒有任何關係。若真有關係，那麼戰果就必須上奏給天皇知道才有意義。問題是，衝撞棧橋顯然不會被當成有上奏價值與意義的「戰果」。

這類的故事，在《神風特別攻擊隊》一書中肯定是不會提及的。

國民的狂熱

那麼，為何大西長官以外的司令官，要持續發動「特攻」呢？

透過一九四四年（昭和十九年）十月二十九日的朝日新聞頭版，或許便能看出一點端倪。標題以斗大的黑體寫著「神鷲忠烈，萬世璀璨」，下方還有同樣醒目的「必死必中的捨身攻擊」幾個大字。

自從十月二十九日「敷島隊」的事蹟登報後，特攻隊就經常佔據報紙版面。以朝日新聞為例，經過這一次的報導後，特攻隊的新聞都會以某種形式登上頭版，光是一九四四年（昭和十九年）的最後兩個多月就刊登了四十二次，一九四五年（昭和二十年）直到終戰為止則登了八十六次

神鷲の忠烈 萬世に燦たり
神風特別攻撃隊 敷島隊員
敵艦隊を捕捉し（スルアン島海域）必死必中の體當り
聯合艦隊司令長官 殊勲を全軍に布告
機・人諸共敵艦に炸裂
誘導の護衛機 戰果確認
朝日新聞
關行男大尉

朝日新聞 1944 年 10 月 29 日的頭版。（朝日新聞社提供）

之多，總計一百二十八次。其中，刻意用聳動的方式報導特攻隊新聞的次數在一九四四年共有三十一次，一九四五年則有五十五次。關於佐佐木友次先生「壯烈犧牲的作文」，我們在第二章也做了介紹。

報紙的二版當中，還有更多充滿故事性的報導。例如前途一片光明的年輕隊員為了報效國家自願參加特攻隊，帶著安穩的微笑與敵人同歸於盡；此外也會描寫特攻隊員的為人或是最後的英姿，其同袍、父母、妻子、戀人的想法，以及他們寄託在他人身上的心願，甚至是整備員替他們送行時「喜極而泣」的光景。在一連串玉石俱焚和轉進奮戰的報導中，唯獨特攻隊的報導比任何「戰果」都要壯烈動人。

因此，第一次特攻專挑資深飛行員，以求百分之百成功。人民看到報導後感動哭泣，對特攻隊員懷抱無上敬意。就結果來說，這也強化了民眾支持戰爭的意志，畢竟當他們愈是知道有這麼多年輕人自願為國捐軀，對英美盟軍的痛恨、抗戰到底的決心、忍耐貧困的毅力和不屈的鬥志，也就變得更加強烈。怪不得其他司令官會把「犧牲」看得比「戰果」更重要。

在日本宣布投降後，有一位名叫宇垣纏的海軍中將曾率領特攻隊出擊。某天，宇垣長官在隊員出發前發表訓示，隨後其中一位準士官說，這次的攻擊他有自信用轟炸的方式擊中敵軍，希望長官准許他命中後活著歸還。

結果宇垣長官當場大罵。

「絕對不准！」（引用自岩井勉《空母零戰隊》，今日話題社出版）。

他的回答沒有一絲遲疑猶豫，顯然同樣把「犧牲」看得比「戰果」更重要。這麼做不僅是考量到煽動人民的「效果」，對於日軍的隊員也同樣有效。

賣得好就有人寫

儘管媒體順應司令部的意圖寫出煽動人心的報導，但光是指責媒體也無濟於事。不可否認的是，人民確實想看這種可歌可泣的新聞。根據《於是，媒體引導日本走向戰爭》（半藤一利、保阪正康著，東洋經濟新報社出版）一書所示，在日俄戰爭開打之前，報導主要分成兩派；一派是「堅決對抗帝俄」，一派是「避免戰爭，持續交涉」。結果，反戰的報紙愈賣愈差，主戰的報紙卻愈賣愈好。若是拿戰爭開打前的明治三十六年（西元一九〇三年）和戰爭結束第二年的明治四十年（西元一九〇七年）的銷量相比，《大阪朝日新聞》的銷量從十一萬增加到三十萬，《東京朝日新聞》的銷量從七萬三千增加到二十萬，《大阪每日新聞》從九萬兩千增加到二十七萬，《報知新聞》則從八萬三千增加到三十萬。作者半藤先生認為，這般銷量爆增的幅度已經到了幾近可笑的地步。「這個數字告訴我們，戰爭會增加報紙的銷量，同時帶來巨大的商機。」直到最後都反對日俄戰爭的《平民新聞》甚至持續遭到禁刊，最終邁向廢刊的命運。

日俄戰爭以後，報社很清楚戰爭是絕佳的賺錢良機，因此與軍部狼狽為奸。佐佐木友次先生的英勇報導，就是這樣來的。等到九一八事變爆發後，大多數報紙都主張「派兵」，唯獨《大阪朝日新聞》認為這次的戰爭並不尋常，純粹是暗行陰謀的侵略手段。然而，以帝國在鄉軍人會[44]為首發起的拒買運動導致該報的銷量急速下滑（在奈良縣連一份也賣不出去），迫使報社最後只好改變編輯方針。可見當時並沒有群眾願意以行動支持《大阪朝日新聞》反對拒買運動和九一八事變。

人們多半以為特攻持續的真正原因，是軍部僵化的體制和過剩的精神主義，還有不負責任的將領和政治家造成的。但我認為其中最主要的理由之一，是特攻有「延續戰爭」的效果。就算在戰術上已經對美軍不起作用，只要對日本人民和軍人有效，就可以持續下去。

精神主義的末路

過度的精神主義確實是特攻存續的一大原因，在此我舉個簡單的例子。東條英機首相曾在帝國議會上發表施政方針時，表示「戰爭是意志與意志的對抗，唯有堅守求勝的信念與鬥

44 譯注：帝國在鄉軍人會為全國性的組織，主要由後備軍人、退役軍人組成。表面上是會員互助組織，實際上是訓練人民、灌輸人民軍國思想的團體。

志，終能獲得最後的勝利」。與會者聽完後，無不鼓掌致意。

「堅信勝利就會贏」這種話如果出自小孩之口也就罷了，卻絕非堂堂一國首相應有的發言。身為首相應該冷靜分析美日的國力、生產力、軍事力，客觀判斷戰爭持續下去會有什麼後果，而不是只顧著高呼「相信勝利就會贏，

東條英機。（國立國會圖書館提供）

氣概決定一切」的口號。東條首相時常說出「承認失敗才算輸，不承認失敗就不會輸」一類的話，然而若是堅持不認輸，那麼打不贏的下場就只有死路一條。換句話說，哪怕有數十萬將士遭到殺害，只要不承認失敗就不算輸。

東條首相不斷高喊「勝利」，卻從未提及具體方略。開戰之初，他曾命令陸海軍事務局的政治將校商討如何結束戰爭，因此將校們姑且擬了一份草案，名為「對美、英、蘭、蔣戰爭的終結促進腹案」。沒想到該草案在大本營政府聯絡會議上也沒有經過詳細議論，就這樣直接成為政府的方針，令將校們各個感到驚訝與不解。草案中提到應破壞美國、英國、荷蘭在極東的根據地，確保日本的戰力存續和自衛能力，同時逼迫蔣介石政權屈服，並且聯合德國、義

大利壓制英國，瓦解美國的續戰意志（引用自保阪正康《東條英機與天皇時代》，筑摩書房出版）；然而其內容實在太過抽象，不僅過度信賴德國，又太小看英國的軍事實力，更輕忽美國人民的抗戰意志。東條首相顯然只憑著不切實際的期望，來描繪出極其曖昧的「勝利」。

還有一則軼事指出，有一次東條首相造訪飛行學校，詢問學生該如何擊落敵機。當學生具體地回答可以用高射砲擊落的方法，東條卻強調精神力才是關鍵（引用自保阪正康《太平洋戰爭七大謎團——官僚、軍隊、日本人》，角川出版）。東條英機不論是作為首相還是陸軍大臣，都不該說出這種話，畢竟敵機終究是無法靠「精神力」擊落的。一旦統率者認為可以用「精神力」擊落敵機，那麼打不到就不是高射砲性能不足，也不是美軍飛機性能優異，而是士兵的「精神力」出了問題。比方說，美軍的B29轟炸機飛在高射砲打不到的高空，士兵怎麼樣也無法將之擊落，長官就會說那是因為「精神力」不夠。結果比起提供性能更好的高射砲，「精神力」反倒成了唯一的重點。

有了這種思維，「下令的一方」很輕易便能得出特攻這個結論。反正只要有「精神力」作後盾，就一定可以穿越雷達網，突破數百架美軍戰機，成功擊沈正規的航空母艦。

領袖的器量

戰後，許多司令官一再撇清責任，強調特攻是第一線士兵的自發行為，而海軍的特攻則是大西瀧治郎中將提議的。然而，人們後來發現早在大西長官下令編制特攻隊以前，海軍中樞就已經決定有組織地生產特攻兵器，更別提陸軍事前已經在岩本大尉和佐佐木先生不知情的狀況下，投入生產帶有「死亡犄角」的飛機。海軍開始執行櫻花（一人搭乘的特攻滑翔機）[45]和回天的生產計畫，也比大西長官做出特攻決斷還要早了幾個月。

當時，東條首相提倡「精神力」能夠解決一切，這種思維也堅定了軍部生產特攻兵器的決心。想必東條首相說出「用精神力擊落敵機」時，周圍的學生和校方人員都很感動，以為氣魄、氣概才是最重要的。可是，作為一個領袖，談論「精神力」可以說是最怠惰的行為。不管是職場上司、學校老師、運動教練、舞台劇演員，愈是無能的人愈愛把「心態」兩個字掛在嘴邊。當然，心態、氣魄、幹勁確實重要，但開口閉口都是這些論調，只代表領導者絲毫沒有內涵。真正有才幹的領袖看重的是現實層面的因素，例如分析現況，提出當下所需的技術，觀察敵人的狀態，思考應對之道等等；並對於現在該做些什麼以及需要什麼，有著具體的見解。

我從事舞台劇表演工作已有三十五年，基本上算是個劇場導演，三十多年來一直率領劇團演出，擔任團隊的領袖。我之所以會從「下令的一方」來看待特攻這件事，主要是我從二十二歲成立劇團以來，就一直站在「下令的一方」。拿戰時的一國首相和現代劇團相比也許會被認為我過於傲慢或是腦子不正常，不過一個組織的領袖在解決問題時，一定會有贊成和反對的人，這時候我們必須引導出結論，做出某個決定才行。從這個角度來看的話，兩者的架構其實是相似的。企業主管、教職員、運動教練想必也都有同樣的煩惱。

當過「下令的一方」就會知道，只講求「精神力」是件多麼容易的事。可是，分析自己和競爭對手，找出必要的致勝關鍵才是領袖的工作，若是辦不到就不具備領導他人的資格。我一直在思考，日本人是不是偏好精神論，卻不追求務實？日本民族是否比起現實，更注重觀念？

45 譯注：這個與其說是飛機，不如說是可駕駛的飛彈。「櫻花」必須先由母機載運，等到達目標附近時再投下攻擊。

拒絕特攻的美濃部少佐

一九四五年(昭和二十年)二月下旬,聯合艦隊司令部在木更津的海軍航空基地召開了一場作戰會議。會上公布要將別稱紅蜻蜓的「九三式中間練習機」投入特攻任務,由於當時軍部已決定「全軍特攻化」,所以就算是練習機也得用於特攻。紅蜻蜓屬於雙翼機,機翼還是布料製成的,最高時速才兩百公里,相較之下美軍用來迎戰的格拉曼戰機則達將近六百公里。

使用轟炸型的零式戰鬥機發動特攻已經很難成功了,動作遲鈍又沒有防禦裝置的練習機無論怎麼想都更不可能成功。愈是熟知飛航的專家,照理來說都會認為這根本是毫無意義的行為;然而會上的所有航空部指揮官,沒有一個人出聲反對參謀長的意見。

這時,位於末席的二十九歲的美濃部正少佐站了起來。單論階級,他是這個會議上地位最低的飛行隊長。

「派出低速的練習機執行特攻,根本不可能突破格拉曼嚴密的防禦陣線,整天喊著特攻是無法取勝的。」

才剛說完除了制空用戰鬥機和少數偵察機以外,將採取全軍特攻化方針的參謀聽到這番出乎意料的反駁,當場氣得臉色發青,破口大罵。

「盡忠報國之士，翱翔於九天之上發動攻擊，誰有辦法阻撓他們！」

有些書上更記載，參謀還說只要戮力執行特攻，就連鬼神也得為之趨避。這些話一再體現了東條首相最喜歡強調的精神論，有不少司令官也時常掛在嘴邊。換言之，問題在於「精神力」，而不是技術或裝備等實際因素。對此，美濃部正少佐是如何回答的呢？

「那好，我在箱根上空（駕駛一架零式戰機）單獨待機。在座的請選出五十位駕駛紅蜻蜓來與我一戰，我會示範如何一個人把各位全部擊落。」

在場的生出壽少尉後來表示，當下沒有一個人敢答話，因為美濃部說得一點也沒錯（引用自生出壽《特攻長官大西瀧治郎》，德間書店出版）。

美濃部正少佐是專門負責夜間攻擊的隊伍「芙蓉部隊」的隊長，以練兵嚴格而聞名。據說他常常訓斥部下，如果達不到他的要求，就要把他們送去執行特攻任務。

美濃部少佐雖然是大西中將的部下，但他徹底拒絕特攻，沒有派出任何一位下屬參加。相對地，他讓部下進行激烈的夜間襲擊訓練，而芙蓉部隊也確實締造了戰果。

在《彗星夜襲隊　拒絕特攻的異色集團》（渡邊洋二著，光人社出版）一書中，對美濃部少佐有更加詳實的記載。當參謀說要用紅蜻蜓進行特攻，美濃部向參謀這麼說道。

「現在的年輕飛行員，沒有一個怕死的。只是，要犧牲性命為國捐軀，也得有一定程度的目的和意義才行。大家都希望立下戰功，死得其所；整天開口閉口都是精神論，將士們如何能夠慷慨就義？同樣都是死，請你們尋求一個更有勝算的方法。」

「那難道你有什麼具體方案嗎？」參謀惱羞成怒地反問道。

這讓美濃部少佐一臉愕然。思考作戰和用兵方法是參謀的職責，結果他們身為作戰專家竟然只想得出特攻戰術，還反過來向一介飛行長質問替代方案。參謀顯然完全沒發現自己的提問有多麼愚蠢。

美濃部少佐接著說道：「在座的各位都是指揮官和幕僚，沒有人親自駕駛飛機上陣。你們嘴上講盡忠報國講得很動聽，但我想請教一下，你們又穿越過多少敵方砲火？恕我直言，我出生入死的次數比在座各位都還要多。你們這些指揮官，有誰是真的賭上自己的性命，來面對當下的戰局？」

現場鴉雀無聲。

美濃部少佐繼續表示，大家都說現在燃料不足，飛行員缺乏訓練，駕駛技術也不夠純熟，所以只好採用特攻作戰。但在他的部隊裡，就算是飛行時數只有兩百小時的零戰隊員，也有辦法執行夜間海上進擊。一般來說，飛行時數至少要有六、七百小時才能進行夜間海上飛行，因此兩百小時是個非常驚人的數字。然而，那些指揮官還是絲毫不為所動，滿不在乎地吞雲吐霧，因此美濃部少佐才會說要駕駛一台零式戰鬥機，迎戰所有指揮官的紅蜻蜓。

遺憾的是，後來包括練習機在內的「全軍特攻化」方案仍照原定計畫執行。不過我認為，美濃部少佐的存在和其勇敢的發言，堪稱是海軍裡的一個希望。他讓我們知道在那個時代不是每一位軍人都主張「精神論」，或是只會在心裡反駁而不願發聲。光是如此，便讓人感受到日本人身上仍隱藏著可能性。

美濃部少佐在死前一年寫下的個人回憶錄《大正青年的太平洋戰記》（於二〇一七年再版發行）中，有這麼一段話。

> 戰後有不少人批評特攻戰術，但那不過是在迎合戰後的普世價值，而從未考慮到戰爭的勝敗。當年投身軍旅之人，必然得追求有勝算的作戰方法。現在我依然認為，既然沒有可以化腐朽為神奇的替代方案，特攻的確是不得已而為之。戰爭的嚴峻與殘酷，並沒有天真到能用人道主義來批評。

對美濃部少佐來說，「化腐朽為神奇的替代方案」指的就是自己的夜間襲擊部隊。這本書問世的四年前，保阪正康先生曾拜會已經七十七歲的美濃部少佐，並回憶起當時美濃部少佐所說的話。

至今我一直在思考，為什麼軍部會想出那種愚蠢的作戰方式。探討特攻作戰不能感情用事，而是得從理性的角度去思考關於領導統馭、命令權限以及集團組織。我們必須搞清楚，作戰本身雖然愚蠢，卻與因此犧牲的飛行員完全是兩碼子事。

當時的我沒辦法命令年輕的飛行員去執行特攻任務。如果我下了那樣的命令，就等於是在終結他們的人生，儘管我並沒有那樣的權力。這種事情我辦不到，也自認不該這麼做。（引用自《「特攻」與日本人》一書）

美濃部少佐在日本之所以沒沒無聞，主要是他不喜歡在媒體前曝光。但根據保阪先生的描述，真正的原因似乎不只如此，而是因為在名為特攻作戰的不合理情況下，他還試圖保有條理。從戰後社會的理性觀點來看，不合理中的合理反而會遭到唾棄。

這種說法我其實不太能理解。不過，如果「下令的一方」是因為厭惡那份合理性才不希望美濃部少佐出名，那事情就能說得通了。對於那些透過讚美特攻來替「下令的一方」辯護的人來說，美濃部少佐的發言就像一根冷峻的釘子，直接刺中他們的要害。然而時至今日，美濃部少佐的名字應該讓更多人知道，就像佐佐木先生的事蹟一樣。

非常時期逼不得已？

很多替特攻辯護的人都說，當時是非常時期，在異常的狀況下自然會採取異常的手段。他們的論點在於，若要批評特攻瘋狂，那麼戰爭本身就是瘋狂的。對此，《沈痛的真相　虛構的特攻神話》一書的作者小澤先生表達了嚴厲的批判。

一、戰爭確實是異常的狀態，但軍人就是培養來應付異常狀態的，更何況他們還享受比一般人更好的社會待遇。軍人是戰爭的專家，難不成專家只會打穩贏的仗嗎？

二、當時，戰況確實處於異常不利的局面。然而在不利的情況下保持冷靜，盡量減少傷亡才是職業軍人該做的事，更可說是為將者的存在意義，以及參謀的職責所在。假設火災發生時，消防隊員像平民一樣慌亂，可謂有失專業。

三、沒有先見之明就罷了，遇到火災還叫一般人（在此可以說是預備學生）去滅火，把他們推向危險的深淵，這豈是專家該做的事？

四、一開始的預測失準或許多少有無可奈何之處，但明知特攻戰術無效還硬要推行則難以原諒，愚蠢的行徑已經超乎「異常」。

五、不反省自己的愚行，也堅決不肯道歉，戰後還一再重申自己的行為正當，一切都是出於無奈，如此態度又豈能告慰死者在天之靈？即便把一切責任都推託給「異常」的狀況，也沒辦法保護下令者的名聲。

穩贏的仗就說是自己的功勞，發生悲劇就說是「異常」狀況所致。照這個邏輯來看，世上大概沒有比軍人更輕鬆的職務了。

這段論述可以說是把對方批得體無完膚，而且我認為十分具有說服力。小澤先生在其著作的前言中表示，當他看到電視上播出特攻隊駕機撞向敵艦的畫面，也忍不住為他們祈禱一定要命中。那些抱著必死決心衝向敵軍的年輕人這一生所懷抱的最後心願在此刻彷彿跨越了三十多年的時空隔閡，感召了同一個世代的小澤先生。正因為小澤先生心繫「被命令的一方」，才能如此徹底地批判「下令的一方」。

日本人的性情與特攻

在《沒有戰爭的國家　明仁天皇的訊息》一書中提到，一九四五年八月二日，明仁皇太子前往奧日光避難的時候，曾對前來說明戰況的陸軍中將提問：「為什麼日本有必要採用特攻戰術？」

這則軼事出自《天皇明仁的昭和史》（高杉善治著，WAC出版），儘管是間接引用的內容，在此還是簡單做個介紹。當時，有末精三中將報告完戰況後，詢問皇太子是否有不明之處，於是皇太子便這麼問了。有末中將露出非常困擾的表情，但他隨即重整心神，淡然地答道。「日本人的性情很適合使用特攻戰術。再者，對付以物量取勝的敵人，這是最有效的攻擊方法。」

後半段的邏輯還算可以理解，雖然理論本身破綻百出，但當時「下令的一方」確實是這麼想的。問題在於前半段，他認為「日本人的性情很適合使用特攻戰術」。

究竟是什麼樣的國民，會適合用於「特攻」？

本人在拙作《「察言觀色」與「世間」體制》（講談社出版）一書中曾提到，現代日本人活在「殘破的世間體制下」。所謂的「世間」是指個人周遭在當下或將來具備某種利害或人際關係的群體，比方說職場同事、班上同學、社團伙伴、保持交流的鄰居、在公園聚會的主婦等等。如果現在和未來都不會有交集，那就只是單純的「社會」，例如路上擦肩而過的行人、居酒屋裡坐在隔壁的陌生客人、抑或是店裡素未謀面的店員。

我在著作中另有詳細的介紹，但總而言之「世間」的典型範例，便是明治時期（十九世紀中期）以前的村落共同體。當時的人們生活在村落中，必須遵守村子裡的規範；一旦違背了，就得承受「無顏面對世間」、「不被世間接納」的巨大壓力。歸根究底，村落這個「世間」最重視的便是「水利」資源。比方說，為了種植稻米和蔬菜，有限的水資源該如何分配給全村？在雨水豐沛的年頭這也許不成問題，但若是碰上乾旱卻會攸關生死；此時若有人無視村裡的規定，優先把水源引到自己的田地灌溉，就很可能導致整個村落的毀滅。另一方面，當隔壁村落想要獨佔水資源時，村裡所有人也必須團結起來加以對抗。自古以來亞洲的稻作文化並非個人之間互相爭奪水資源，而是以集團為單位遵從群體的共識維持生活。在播種和收成的時期，萬一有家庭的主要勞動力生病受傷，會由全村的人共同支援。換言之，過去「世間」這個機制確實發揮了很大作用，正如同一神教只要不背棄教義，就始終會是信徒強力的依靠。

對以往生活在「世間」下的人們來說，周圍的村民並非「陌生人」，而是「伙伴」；無論對方講的話有多難聽，都可以當成「為自己著想的建議」。至於「社會」則完全相反，一個人之所以提出嚴厲的忠告，多半都是為了自身的利益。面對那些萍水相逢、以後老死不相往來的對象，人們並不抱有關心，也因此就沒必要去為「社會」整體多做考慮。

「世間」可就不一樣了，由於這個群體是建立在「全村機能健全，人們才有幸福可言」的前提上，因此就算要提出嚴厲的忠告，也得考量到「全村」的利益才行；結論上來說，不論內容多麼嚴苛，一切終究都是「為了大家好」。相較之下，「社會」群體則是迎合資本主義和近代理性主義的必要思維，當「世間」把所有交易對象都當成老主顧，追求彼此不大賺也不慘賠的共生關係，「社會」群體的人們只想著殺雞取卵，彼此之間可能再也不會有往來。

到了明治時代，明治政府曾設法在至今以「世間」為中心的日本注入「社會」群體的概念，否則人民眼裡只有「村子的規定」，導致政府難以推動徵兵、審判以及教育制度等符合近代理性主義的重要國家機能。為了讓一群互不相識的人能夠共同合作，就有必要讓「社會」概念下最講求的「與素昧平生的對象交涉」這件事成為常態，只不過官方試圖建立「社會」體制的改革措施，卻未能輕易改變國民的本質。

「世間」有幾個特徵，例如過去村落共同體延續了很長一段時間，村民都活在「共同的時間」之中。日文有句商務往來時常用的客套話「一直以來承蒙您關照」（いつもお世話になっています），這句話基本上無法準確地翻譯成英文，但其實就是在表明「你我之間有一段同甘共苦的時光」。儘管後來明治政府試著改變產業結構，打著增產興邦的口號將人民從「世間」轉移到名為企業的「社會」群體之中，日本企業界採用的「終身雇用制」卻依然繼承了「世間」以「共同的時間意識」為重的規則。此外，「世間」群體也十分強調「長幼有序」；推崇並服從年長者的決定一直都是過去掌管與經營村落、武家社會、商家的一大法則，並在後來演變為日本企業下的「年功序列制度」（論資排輩）。

綜觀上述幾個「世間」的特徵，我們不難發現在日本國民的觀念中，「世間」是「與生俱來」的，即「原本就存在」的東西。對日本人而言，各式各樣的社會體制是與自身意志無關的既存之物，所以才會很自然地就認定那是憑一己之力無法改變的東西。

放棄思考與「集團自我」

日本最具代表性的社會心理學家南博先生，曾在《日本式自我》（岩波書店出版）一書中寫道：

日本人對群體有很強烈的歸屬意識，由此可見日本人傾向群體依存主義，甚至於仰賴命運，將一切交由命運主宰。命運共同體的意識便是由此而生。

日本人的自我構造有一大特徵，即對自身所屬群體的目標活動和人際關係會產生一種深厚的親密之情，任由自我與集團融為一體，形成所謂的「集團自我」。（中略）與集團的一體化終將與前述的群體依存主義以及對命運的順從相互結合，形成把集團命運視為個人命運的觀念。這便是所謂命運共同體的意識，人們會將集團當成命運共同體接受。

我認為「集團自我」這個字眼用得十分準確。南博先生也有說明「集團自我」會導致什麼樣的結果。

一個人的自我會因為吸收了集團自我之後膨脹強化，進而把集團的決策視為自己的決策，把集團的執行力看成自己的執行力。當自我受到集團自我的強化，便能暫時化解個人對決策的不安。

我在NHK BS1頻道主持「Cool Japan」這個節目已有十二年之久，其內容意在發掘外國人眼中的日本有哪些「很酷」或「很不酷」的特質。在前陣子播出的「將棋」特集中，提到日本全國有各式各樣的業餘比賽，除了「個人賽」之外也有「團體賽」可以參加，例如以五人為單位比比看哪一組贏的人較多。製作小組採訪了國高中的將棋社學生，所有人都一致表示他們喜歡團體賽大於個人賽。儘管將棋是一種個人競技，學生們卻異口同聲地認為自己在團體賽的表現比平常更好，也更專注。這正是「自我」被「集團自我」強化的案例。同樣情況也出現在接力型的馬拉松比賽上，當「集團自我」發揮正面效果，選手可以變得比獨自參賽時更加努力，甚至跑出連自己都不敢置信的成績；然而，當「集團自我」帶來負面效果，儘管眾人集結會顯得聲勢壯大，自己一個人的時候卻什麼也做不成。

日本人是很容易產生「集團自我」的民族，主要是因為日本屬於亞洲型的農耕社會，進而催生出「世間」的體制。再加上從地理上來說日本是個孤立的島國，不容易受到異文化的侵略，因此日本的「世間」體制才會比其他東南亞國家更為牢固。像中國和其周邊的各個國家，有多次遭到異國侵略、在文化上遭受蹂躪的經驗，他們並不認為「世間」是與生俱來的東西。既然被賦予的體制並非自己所願，就會認為應該挺身奮戰改革。不過，日本沒有被語言殊異的異文明侵略的經驗，因此很自然地以為「世間」體制是理所當然的，進而產生依賴群體和順從命運的思維。過去傷害日本人的並非異國文明或異教徒，而是自然災害，我認為這也是造成「逆來順受」心態的原因之一。假使遭到明顯語言不同的異族侵略，想必沒有人會乖乖臣服；只要眼前存在具體的敵人，人們就會起身對抗。可是，當威脅換成地震、颱風、大雨、乾旱、海嘯等自然災害，人類除了接受也別無他法。

尤其日本經年遭受颱風和地震摧殘，人們不可能像一神教的信徒那樣，動不動就反問上天為何要考驗人類，儘管這樣比喻或許有些過當。人們之所以會向上天尋求解釋，通常是因為遇上了難以置信的罕見苦難，比方說愛人突然去世、國民被異民族支配俘虜，或是發生前所未有的大洪水，愈是百年難遇或嚴峻的事態，人們才會想和神靈深入對話。然而，日本是一個自然環境豐富的國家，自然災害也相對較多；如果人們不去相信山有山神、海有海神、河有河神、雷有雷神、雨有雨神，且這些神祇各自都會帶來災害與恩惠，而是認為只有唯一一個神明不停地在考驗他們，大概會覺得很難接受。倘若每年發生的颱風、乾旱、地震都是單一神明對日本人的考驗，那麼人們不免會感到混亂：到底日本人是做了什麼十惡不赦的事情，才必須不斷接受懲罰呢？

日本人相信世上有很多神祇，每個神祇又各自為政，藉此在心態上才有辦法接受每年發生的自然災害。這也是日本沒有強大的一神教誕生的緣故。

日本人會接受與生俱來的事物，這同時被視為一種美德。在「世間」群體完整發揮作用的年代，所有人都相信不論受到何等批判或命令，到頭來「終歸是為了自己好」。在我看來，這樣的意識也是我們日本人會對「拒絕別人的請求」感到苦惱的原因。日本人與歐美人在拒絕時最大的差異在於，當我們否定或拒絕別人的要求或建議，心中會產生一種類似原罪的痛苦（當然輕重程度因人而異），而這讓我們沒辦法像歐美人那樣面帶微笑地隨口拒絕他人。反過來說，日本人在自己生活的「世間」群體中，會盡量扮演一個合乎體制的角色。

特攻前夜的灰暗眼神

角田和男先生在前面提到的《修羅之翼》一書中，曾描述他第一次擔任特攻隊的掩護部隊時，見過那些即將出擊的年輕特攻隊員。他們就像遠足的小學生一樣，津津有味地站著品嘗看起來一點也不美味的豆皮壽司罐頭，但有半數的特攻隊員只喝了一點汽水，接著便說自己實在喝不下去，語帶調皮地把汽水遞給前來送行的整備員。那一天，他們出擊後對中小型空母發動特攻，就這樣成了不歸之人。

到了晚上，士官宿舍裡召開了一場熱鬧的慶功酒會。角田先生因為忘不了白天看到的年輕特攻隊員而無法盡興，便先行離開了士官宿舍。另一個參與掩護行動的中尉似乎也是同樣的心情，眼看今天在宿舍大概是沒法睡了，二人於是決定前往兵舍的飛行員室休息。他們一到兵舍附近卻被制止入內，說這裡不是士官該來的地方。由於對方是角田先生認識的人，就問他到底是怎麼一回事。士兵回答，因為不想讓士官看到飛行員宿舍內的情況，尤其不希望被飛行長看到，所以輪流出來站崗。

由於角田先生算是分隊士而不是飛行長，對方最後還是替他開了門。

室內沒有電燈，只放了三、四個空罐頭，裡面燒著廢棄的油料。昏暗的房內，正面有十幾個人穿著飛行服盤坐在地，他們面無表情地凝視著我，眼神透露異樣的光芒，頓時令我有種遍體生寒的感覺。

角田先生看到室內左側另有數十人聚在一起說悄悄話，他接著走出房間再一次請教剛才站崗的男子，才知道原來盤坐在正面的是特攻隊員，聚在左邊的則是普通飛行員。

角田先生激動地問道。

「這是怎麼一回事？今天跟我們一起出任務的飛行員，大家都表現得很開朗，一副精神抖擻的模樣啊？」

「是的，但他們昨晚也是這樣的狀態。據說大家都很害怕閉上眼睛，各種雜念會不斷浮現，所以就像那樣一直撐到真的睏了為止，每晚大約十二點才就寢。一般飛行員顧慮到他們的感受，也刻意等到他們睡了才跟著休息。可是，這種模樣不能被其他士官看到，尤其他們必須讓飛行長相信自己是從容就義的。所以等到早上醒來去機場之後，他們還是會表現得特別開朗，變得與今天出擊的特攻隊員沒有兩樣。」

角田先生得知真相後非常吃驚，如果今天那些隊員悠哉的態度，還有開心的笑容全是裝出來的，那麼他們的演技簡直不下影帝。不過，也許白天和夜晚的兩種姿態，都是他們真實的一面吧。角田先生懷著一種無奈的心情，拖著沉重的腳步走回燈火通明的士官宿舍。

這是剛開始實行特攻作戰時發生的事，也就是十月底菲律賓爆發大戰的時候。當時，構成「海軍」的「世間」體制依然在發揮作用，因此特攻隊員都試圖表現出開朗勇敢的模樣，而這一切都是為了那位寫出《神風特別攻擊隊》的中島飛行長。一想到那些特攻隊員的感受，我激動得難以自抑。他們在心中同時懷著兩種截然不同的情緒，內心不曉得有多麼痛苦。後來到了沖繩戰役，有飛行員用無線電痛罵「海軍王八蛋」，這代表「海軍」的「世間」體制已經開始崩潰。那些原本是預備學生的士官認為既然自己並不屬於名為「海軍」的「世間」體制之下，也就沒必要隱藏心中的不滿了。

體現於現代的「既存性」

對「下令的一方」來說，「世間」體制的既存性在於「以維持現狀為目的」。一直在做的事情沒有必要刻意停止，且任何人都沒有資格停止；更何況既然是一直在做的事情，繼續做下去絕對有其意義。這種成見就是相信「既存性」的具體呈現。

例如，美濃部少佐極力主張「全軍特攻化」是愚蠢的戰略，但沒有人敢率先中止這個計畫。所有人都認為自己身在「世間」群體之中，沒有立場去改變體制下的規範。我在此順便舉出一個例子，儘管我知道這麼做一定會招來某些人的不滿，但我還是想談一下。每年一到夏天我總是會有一個疑問：在盛夏舉行甲子園大賽的傳統究竟要持續到何時？從預賽開始就有很多學生中暑暈倒，甚至虛脫送醫急救，結果比賽依舊在夏天舉行。強制要求十五、六歲的年輕人作為組織的一員在豔陽高照下進行激烈運動的做法，放眼全世界大概也只有日本的高中棒球了。當然，那些自願參加的人不算在內，我指的是被組織命令的例子。可能要等到好幾個學生因為重度中暑而死亡，這場盛夏的大賽才會做出改變吧。

聽完這番話，有些人會說我在愚弄純真少年的努力，或是褻瀆甲子園大賽。我必須說自己很尊敬那些「被命令」的高中少年，他們的付出也令我動容。我當然同情他們的辛苦，也絕對無意貶低他們。我想檢討的是「下令的一方」，但那些憤而反駁我的人顯然把「下令的一方」和「被命令的一方」搞混了。他們以為批判「下令的一方」等於是在攻擊「被命令的一方」，這種情況和檢討「特攻隊」的時候也很類似。

對我來說該檢討的，始終都是「下令的一方」。大家都知道日本的夏天愈來愈炎熱，幾乎已經稱得上亞熱帶氣候。在我們這些大人的記憶中，夏天並沒有像現在這樣熱得可怕。儘管如此，比賽還是依然在大熱天舉行，因為甲子園大會已經行之有年。我從來沒聽過主辦單位提出像是在中午十二點到下午三點暫停比賽，或是安排夜間賽程，甚至乾脆改在秋天舉行一類的建議。大人就這樣墨守成規，對年輕人下達出賽命令。在我看來，這當中的架構也和特攻隊有異曲同工之妙。

這並非高中棒球特有的問題。這個國家明明有很多事情大家都隱隱約約覺得不太對勁，卻沒有人敢勇於開口，還把「維持現狀當成了目的」。我期許自己能像美濃部少佐一樣，對問題進行合理的分析，並大聲說出我們現在真正需要做的，而不是開口閉口都是精神論，只會叫學生用毅力撐過酷暑，或是以拼死的決心努力。

非當事者的可怕之處

《不為人知的特攻基地．串良》一書中，有一段描述了作者桑原敬一先生在一九六七年（昭和四十二年）接受義大利電視台的採訪，談論有關特攻隊的內情。桑原先生是預科練出身的飛行員，據說對方是向他也有參加的預科練飛行員的親睦團體「雄飛會」發出了邀請。

一群預科練出身的老兵於是聚在一起接受採訪。當中只有作者桑原先生有擔任特攻隊的經歷。桑原先生在訪談中坦承，自己是被上級指派為特攻隊的，那是貨真價實的命令，只是表面上有徵求他的同意而已。當採訪者問到桑原先生怕不怕死，他表示這世上應該沒有人真的不懼怕死亡；直到出擊的日子來臨以前，特攻隊員還得和自己的苦惱對抗，只有經歷過的人才能體會那種複雜和悲哀的心情。桑原先生重申自己確實不想死，說不害怕是騙人的，但當時的他是一個軍人，而命令是絕對的，所以也只能選擇接受悲哀的命運。

戰後，每當有人問起特攻隊的往事，桑原先生都會這麼回答。不過，現場的其他老兵開始激烈地批評他。

「你怎麼可以說自己怕死呢！」

「別說這麼丟人的話！」

「你在丟所有預科練的臉，收回你的話！」

現場吵成一團，工作人員還得要求大家安靜下來，才有辦法繼續採訪，桑原先生就在一陣尷尬的氣氛中結束談話。

我之所以感到訝異，是因為那些出聲的人沒有一個是特攻隊員。他們也許有想過自己會成為特攻隊員，但這和「實際接到命令出擊」是兩回事。然而，他們卻當面痛罵唯一有資格談論特攻的人，由此可見這個問題有多麼複雜難解。

還有一次在其他聚會上，桑原先生面對特攻犧牲者的家屬發表談話時，先是聲明這是他個人的經驗和看法，接著說道：「坊間盛傳特攻隊員都是面帶笑容、慷慨就義，事實上那都是場面話，並沒有傳達出真相。特攻出擊不是那麼淡薄的事情，一個活生生的人，被迫在生死問題上與內心的另一個自己進行永無止盡的抗爭，並在經歷過這樣的地獄以後，只能懷抱著無可奈何的心境，飛向人生最後的戰場。我希望大家知道，這才是很多特攻隊員的真實想法。」

他一說完，旁人紛紛投以譴責的目光，其中一個預科練的同梯弟兄，用一種調侃的語氣制止他說下去。

「桑原先生退伍後還上過大學，學了太多不必要的知識了啦。以前那個年代，根本沒有人會去想這麼多，都是二話不說就出擊了。」

想當然，說出這段話的人也沒有特攻經驗。令桑原先生感到憤慨的是，為何會輪到沒有特攻經驗的人制止有經驗的人發言，還如此大言不慚地說些沒有根據的話？

桑原先生把特攻隊員分為五大類。

一、昭和二十年(一九四五年)二月十六日，聯空總隊(練習聯合航空總隊)司令官下令編成特攻隊，成為隊員後(指名或自願加入)在所屬航空隊參加特攻培訓的人。

二、雖有接受訓練，卻留在所屬航空隊的人。

三、離開所屬航空隊前往特攻基地，等待出擊的人。

四、出擊後基於某些原因返回，或是迫降生還的人。

五、出擊後再也沒有回來的戰死者。

桑原先生自己屬於第四種，至於那些提出抗議的人甚至不是特攻隊員，所以根本不在此列。就算如此，他們依然大發雷霆。只能說，特攻真的是個非常纖細而複雜的問題。

由此可見，特攻除了有「下令的一方」和「被命令的一方」以外，還有「旁觀命令的一方」。

一般來說，任何社會運動的「旁觀者」都比「當事者」多嘴饒舌。只有無緣成為當事者的旁觀者，或是想要成為當事者的旁觀者，才會熱切地談論自己的想法；當事者反而因為內心千頭萬緒，沒辦法好好整理個人體悟，所以容易保持沈默。不僅特攻經驗如此，其他像是參與「學生運動」或「新興宗教」的過程中，會講得口若懸河的通常都是置身事外的旁觀者，當事人則是默默地承受。不過，真相仍隱藏在當事人的話語之中；那些願意打破沈默的當事者，他們的意志才是照亮歷史黑暗的明燈。

戰後過了七十二年，那些怒罵桑原先生的人已經一一去世，日本各地像「雄飛會」這一類的親睦團體，也逐漸隨著參加者的高齡化和離世而解散。雖然這代表我們以後再也聽不到當事人親述寶貴的經驗談，但同時也迎來了一個理性探討「特攻」的時機。如果是十年前，像我這種沒經歷過戰爭的人大概根本沒資格憑個人的判斷撰寫有關特攻的文章，當時的佐佐木先生可能也不會回應我的疑問。

時至今日，我們終於能冷靜地反思「特攻」了。特攻不再是牽涉到相關人士的沈痛議題，而是在研究日本文化和戰爭的歷史定位。

二〇一六年九月十九日，朝日電視台的節目「報導STATION」介紹了日本自衛隊內部舉行的一次問卷調查。其內容和「自衛隊海外派遣任務」有關，用意是要調查隊員有無意願前往南蘇丹。上面共有三個選項，分別是「有意前往、有命令就會前往、不願前往」。一位匿名的自衛隊員指出，他選了「不願前往」以後，被上司質問他為什麼不願意，最後他只好改填第二個選項。

這一刻，我彷彿看到了一九四四年的歷史重現。

結語

二〇一六年二月九日晚上七點五十五分，高齡九十二歲的佐佐木友次先生，在札幌的醫院因呼吸衰竭去世。也就是我最後一次與他見面的兩個月後。

自十二月我們見面以後，醫院發生了疥瘡感染，因而禁止外賓探訪患者。根據友次先生的女兒美智子女士的說法，友次先生的體力大幅衰退，連講話都有困難。據悉，友次先生在病床上對美智子女士說，想不到自己會這樣走完最後一程；不是死在菲律賓的天空或大海，也不是死在叢林中，而是在札幌的醫院裡迎接死亡。

位於當別町的墳墓上，刻著下列這段文字。

殷盼返鄉，卻一往無還的特攻戰友們，身為退役老兵的我，至今未敢或忘生命的可貴。我與犧牲的英靈同在，訴說戰爭的殘酷，願平和永存。

鉾田陸軍教導飛行團特別攻擊隊

佐佐木友次

這是他還在世時，和朋友商量後創作的文章。

我好想再多見他幾次，向他請教更多往事。不過，能趕在他去世前三個月見到面，也算是萬幸了。如果我晚一年告訴上松製作人這個話題，上松製作人和御手洗小姐沒有積極行動的話，也就沒有《飛向藍天》和這本書了。或者我再晚兩個月拜訪，屆時友次先生大概也沒有體力能與我談話。

多虧這些奇蹟似的偶然，我才能見到友次先生。一個才二十一歲的年輕人，為了生存而反抗地位遠高於自己的年長上級，這是多麼了不起的事情啊。二十一歲的我絕對做不到這種事，而是肯定會受挫氣餒，與絕望為伍。我希望更多人知道佐佐木友次先生的事蹟，希望更多的日本人知道，曾經有這樣一位特攻隊員。

他的存在，是你我日本人的希望。

這才是我著書的用意。

鴻上尚史

相關文獻一覽

*按照書中提及的順序，版次以最新出版的為準

「青空に飛ぶ」 鴻上尚史著（講談社）
「特攻隊振武寮 帰還兵は地獄を見た」 大貫健一郎、渡邊考著（朝日新聞社）
「陸軍特別攻撃隊1-3」 高木俊朗著（文藝春秋）
「神風特攻隊出撃の日」 小野田政著（今日話題社）
「ルソン死闘記—語られざる戦場体験」 友清高志著（講談社）
「レイテ戦記」 大岡昇平著（中央公論新社）
「神風特別攻撃隊」 豬口力平、中島正著（河出書房）
「特攻の真意 大西瀧治郎はなぜ『特攻』を命じたのか」 神立尚紀著（文藝春秋）
「敷島隊 死への五日間—神風特攻隊長関行男と四人の若者の最後」 根本順善著（光人社）
「死にゆく二十歳の真情神風特別攻撃隊員の手記」 長峯良齊著（讀賣新聞社）
「きけ わだつみのこえ」 日本戰歿學生紀念會編（岩波書店）
「ドキュメント神風 上・下—特攻作戦の全貌」 Denis Warner, Peggy Warner 著（時事通信社）
「予科練甲十三期生—落日の栄光」 高塚篤著（原書房）
「つらい真実—虚構の特攻隊神話」 小澤郁郎著（同成社）

「語られざる特攻基地・串良―生還した『特攻』隊員の告白―」　桑原敬一著（文藝春秋）
「別冊1億人の昭和史　特別攻撃隊　日本の戦史別巻4」　毎日新聞社編
「空戦　飛燕対グラマン―戦闘機操縦十年の記録」　田形竹尾著（光人社）
「大西瀧治郎」　故大西瀧治郎海軍中將傳刊行會編
「修羅の翼　零戦特攻隊員の真情」　角田和男著（光人社）
「戦争をしない国　明仁天皇メッセージ」　矢部宏治撰文、須田慎太郎攝影（小學館）
「空母零戦隊」　岩井勉著（文藝春秋）
「そして、メディアは日本を戦争に導いた」　半藤一利、保阪正康著（文藝春秋）
「東條英機と天皇の時代」　保阪正康著（筑摩書房）
「太平洋戦争、七つの謎―官僚と軍隊と日本人―」　保阪正康著（角川書店）
「特攻長官大西瀧治郎」　生出壽著（光人社）
「彗星夜襲隊―特攻拒否の異色集団」　渡邊洋二著（光人社）
「復刻版　大正っ子の太平洋戦記」　美濃部正著（方丈社）
「『特攻』と日本人」　保阪正康著（講談社）
「天皇明仁の昭和史」　高杉善治著（WAC）
「『空気』と『世間』」　鴻上尚史著（講談社）
「日本的自我」　南博著（岩波書店）

國家圖書館出版品預行編目 (CIP) 資料

不死之身的特攻兵：當犧牲成為義務，一個二戰日本特攻隊員抗命生還的真實紀錄 / 鴻上尚史著；葉廷昭譯. -- 初版. -- 新北市：遠足文化, 2019.08
面； 公分. -- (大河；45)
譯自：不死身の特攻兵：軍神はなぜ上官に反抗したか
ISBN 978-986-508-023-5 (平裝)

1. 日本史 2. 第二次世界大戰

731.2788 108011397

大河 45

不死之身的特攻兵

當犧牲成為義務，一個二戰日本特攻隊員抗命生還的真實紀錄

不死身の特攻兵 軍神はなぜ上官に反抗したか

作者——鴻上尚史
譯者——葉廷昭
執行長——陳蕙慧
總編輯——郭昕詠
行銷總監——李逸文
行銷企劃經理——尹子麟
資深行銷企劃主任——張元慧
編輯——徐昉驊、陳柔君
封面設計——許晉維
排版——簡單瑛設

社長——郭重興
發行人兼出版總監——曾大福
出版者——遠足文化事業股份有限公司
地址——231 新北市新店區民權路 108-2 號 9 樓
電話——(02)2218-1417
傳真——(02)2218-0727
電郵——service@bookrep.com.tw
郵撥帳號——19504465
客服專線——0800-221-029
網址——http://www.bookrep.com.tw
Facebook——https://www.facebook.com/WalkersCulturalNo.1/
法律顧問——華洋法律事務所 蘇文生律師
印製——呈靖彩藝有限公司

初版一刷 西元 2019 年 8 月
Printed in Taiwan